손끝에서 핀 이야기꽃

한 뼘 성장 일지의 기적

김미옥, 김선이, 박잔디, 이유경, 현순복 지음

김미옥 김선이 박잔디 이유경 현순복 지음

손끝에서 핀 이야기꽃

한 뼘 성장 일지의 기적

MTP 메타포출판사

들어가는 말

    4년 전, 저는 한 알의 작은 씨앗을 손에 쥐었습니다. 그것은 한 뼘 성장 플래너입니다. 그 씨앗은 단순한 노트처럼 보였지만, 사실은 제 삶의 방향을 바꾸는 작은 시작이었습니다. 어떤 씨앗이든 손에 쥐고만 있으면, 자라지 않습니다. 땅에 심고, 물을 주고, 햇빛을 받도록 정성껏 돌봐야 싹이 트기 시작합니다. 저에게 온 작은 씨앗을 키우기 위해 배우고, 실천하며 여기까지 왔습니다.

  여기까지 오는 여정 동안 가장 큰 축복은 혼자가 아니었다는 사실입니다. 함께 성장할 수 있는 소중한 분들이 있었는데, 저는 이분들을 '한 뼘 성장 파트너'라고 부릅니다. 이분들은 정원의 정원사처럼 씨앗이 잘 자라도록 돌봐주고, 서로가 뿌리를 내리도록 응원해 주었습니다. 물론 삶이 바빠 성장일지를 다 기록하지 못한 날도 있었고, 때로는 멈춰 서기도 했습니다. 하지만 씨앗은 보이지 않는 땅속에서도 조용히 자라고 있었고, 시간이 흐르며 어느새 울창한 숲의 일원이 되었습니다.

이 책은 한 뼘 성장 일지라는 숲에서 딴 첫 번째 열매입니다. 이 열매를 여러분께 전하며, 여러분의 손에도 작은 씨앗이 자라길 바랍니다. 그 씨앗이 여러분의 삶에서 어떤 꽃으로 피어 열매를 맺을지 아무도 모릅니다. 그러나 언젠가는 여러분의 씨앗도 또 다른 누군가에게 새로운 숲이 되어줄 거라 믿습니다.

이 책은 성장의 씨앗을 키워가며 얻은 배움과 경험을 담은 기록입니다. 함께 성장의 길을 걸어온 파트너들과 만들어온 '한 뼘 성장 플래너'는 단순히 기록을 위한 도구를 넘어, 우리의 삶을 한 걸음 더 나아지게 하는 길잡이가 되어주었습니다. 우리의 여정을 나누니, 여러분도 자신의 성장 이야기를 시작할 용기를 얻으시길 바랍니다.

본 책의 1부는 삶 속에서 피어난 이야기이며, 저와 성장 파트너들이 4년 동안 함께한 여정입니다. 우리의 일상에서 시작된 작은 질문들, 그 질문에 대한 글과 생각들, 그리고 성장 과정에서 마주한 고민과 깨달음, 성취의 순간이 담겨 있습니다. 우리의 이야기로 여러분의 성장 이야기를 시작할 동기와 영감을 얻으실 수 있기를 바랍니다.

2부는 한 뼘 성장 플래너를 소개합니다. 한 뼘 성장 플래너가 무엇인지 독자의 이해를 돕기 위해 예시를 제시했습니다. 이는 우리의 경험이 독자 여러분께 실질적인 가이드가 되길 바라는 마음입니다. 또한, 성장 파트너님에게 성장일지에 관해 인터뷰한 내용을 정리하여, 전하고 싶은 메시지를 담았으며, 이 책이 여러분의 성장 여정을 시작하는 데 작은 힘이 되기를 간절히 바랍니다.

지금까지 한 뼘 성장 여정을 함께 해주신 성장 파트너 '곰곰이, 애자일, 자운영, 봄날앤'님께 깊은 감사를 전합니다. 여러분의 믿음과 응원이 없었다면 이 숲은 이렇게 풍성하게 자라지 못했을 것입니다. 그리고 언제나 저를 응원해 준 사랑하는 가족과 이 책을 손에 든 독자 여러분께도 감사드립니다. 여러분의 손에서 자라날 씨앗이 언젠가 또 다른 누군가에게 커다란 숲이 되기를 응원합니다. 지금, 이 순간은 새로운 시작입니다.

목 차

들어가는 말　5

제1부 우리들의 **성장 이야기**

에바킴의 성장 이야기

이스턴 블루버드	16
간절히 원하면 이루어진다	20
나만의 동기 부여 방법	24
글쓰기 규칙	28
글쓰기는 상처에 붙이는 반창고	32
표현적 글쓰기	36
독서, 나만의 지적 여행	40
마음의 건물을 짓는 하루	44
자수성가형 리더들의 삶에서 배우는 가치	47
아름다운 관계	50
건드리지 마세요	53
마음을 얻는다는 것	56

곰곰이의 성장 이야기

작은 도전에서 시작된 나의 달리기 스토리　64

발등에 불	67
따뜻한 무관심	70
Goodbye November	73
봄날의 카페, 그리고 성장 일지를 쓰는 우리	77
덕선이에게서 배우는 작은 행복	80
가족 식탁에서 피어나는 소소한 행복	82
우리 아이들이 자라는 모습을 바라보며	85
크고 화려하진 않지만 따뜻했던 울타리	88
샨티 샨티(살아 있는 모든 것에게 평화를)	91

애자일의 성장 이야기

잔 디	98
아버지와 화투	102
수 박	106
노란색 과일에는 어떤 것들이 있을까	108
누룽지	111
사람들이 카페에서 공부하는 이유는 무엇일까?	114
미용실에서	117
짧은 단상	120
26주 적금 사랑	123
지갑은 열고 입은 닫아라	126

자운영의 성장 이야기

고구마	134
스프링벅 현상	138
재즈 가수처럼	142
달라도 너무 달라	146
은하철도 999	150
내가 틀릴 수도 있습니다	154
헌책에서 만난 책 동무	158
새 학기	162
손톱 정리	166
일 년을 기다렸다	170

봄날앤의 성장 이야기

나에게 글쓰기란?	178
새벽 낭독	181
자투리 산책(워런치)	183
단어 부자	185
금요일	188
간 병	190
두 번째 산	192
서툰 정원사의 봄맞이	194

제2부 한 뼘 성장 플래너

성장 일지 쓸 때도 명분이 필요하다 200
좋은 습관을 만들기 위해서는 틀이 필요하다 203
평서문을 질문으로 바꾸는 기술이 진짜 기술이다 206
성장 일지는 어떻게 작성할까? 208
성장 파트너들과 '성장 여정' 정리 212
- 성장 일지 쓰는 이유 213
- 성장 일지는 정신적 보약 215
- 성장 일지 작성 원동력 217
- 좋은 기억 219
- 성장 일지 쓸 때 걸림돌 221
- 성장 일지를 함께 쓰고 싶은 지인 223

에필로그 – 작은 습관의 위대한 힘 227

부록

1. 네 권의 한 뼘 성장 일지 232
2. 주별 성장 일지 예시 233
3. 기타 양식 234

제1부

우리들의 성장 이야기

우리들의 성장 이야기는 4년 동안 한 뼘 성장 플래너를 기록하면서 내적, 외적 성장을 함께한 '에바킴, 곰곰이, 애자일, 자운영, 봄날앤'님의 일상 생각을 기록한 결과물입니다. 편안하게 읽으시면서 응원의 박수 보내 주시고, '나도 할 수 있어!'라고 목청을 높여 주세요. 그러면 성장의 씨앗이 싹을 틔우기 시작합니다.

에바킴의 성장 이야기

Dr. Evakim

✎ 저는 에바 알머슨의 그림이 좋아 '에바킴'이라는 닉네임을 쓰고 있습니다. 제가 자기계발을 처음 시작한 것은 2007년 하반기였는데, 그때는 단지 '잘 살아야겠다.'라는 막연한 마음이 전부였습니다. 그러나 시간이 흐를수록 더 많은 것을 배우고 싶어졌고, 사회에 도움이 되는 사람으로 성장하고 싶다는 욕심도 커졌습니다. 늦은 공부로 몸도 상하고 어려움도 많았지만, 배움은 저에게 기쁨이자 행복이었습니다. 이러한 경험 속에서 저는 꼭 필요하다고 느낀 생각들을 모아 '한 뼘 성장 플래너'를 직접 만들어 보게 되었습니다.

이스턴 블루버드

• • •

✎ 오늘 나는 파랑새 한 마리를 그렸다. 미국의 파랑새인 이스턴 블루버드이다. 내가 그린 파랑새를 물끄러미 바라보고 있자니, 마치 파랑새가 나에게 말을 거는 것 같았다.

"에바킴, 너 나에게 질문 하나 해볼래?"

"무슨 질문인데?"

"행복과 행운이 뭐냐고."

"행복과 행운이 뭐야?"

파랑새는 이렇게 대답했다.

"행복과 행운은 파랑새의 상징이야. 사람들은 파랑새를 길조로 여기지. 벨기에 작가 메텔링크도 동화에서 파랑새를 이야기했어. 가난한 농부의 남매 틸틸과 미틸이 파랑새를 찾아 밤새 돌아다니지만, 결국 파랑새는 찾지 못했어. 날이 밝고 나서야 남매는 파랑새가 바로 자신들의 새장 속에 있다는 걸 깨달았지."

파랑새는 잠시 말을 멈추더니 이렇게 물었다.

"메텔링크가 무슨 이야길 하고 싶었을까?"

"무슨 이야길 하고 싶었는데?"

"행복과 행운은 손이 닿지 않는 먼 곳에 있는 것이 아니라, 우리 가까이에 있다는 거야. 그러니 너무 먼 곳에서 파랑새를 찾으려고 하면 어떻게 될까?"

"어떻게 되는데?"

"다시 물어봐, 그러면 어디서 찾아야 하느냐고."

"그럼 어디서 찾아야 하는데?"

"바로 네 마음속에서, 그리고 나처럼 가까이에 있는 것들 속에서."

이스턴 블루버드는 저 멀리 미국에 산다. 그래서 내가 이렇게 말했다. '너는 너무 멀리서 사니까, 자주는 말고 가끔만 소통하자.'라고. 그랬더니 이스턴 블루버드는 삐져버렸다. 그래도 어쩔 수 없다. 행복과 행운은 손에 닿는 가까운 곳에 있다고 하니, 내일은 가까운 곳의 파랑새를 다시 그려볼까 한다.

Q. 당신의 파랑새는 무엇이며,
그것은 어떤 의미를 지니고 있나요?
그리고 그 파랑새는 지금 어디에 있다고 생각하나요?

간절히 원하면 **이루어진다**

지금 당신 삶은 마음속에서
길러낸 생각입니다.

✎ 피그말리온 효과는 "간절히 원하면 이루어진다."라는 자기충족적 예언을 말한다. 이 효과의 이름은 그리스 신화에서 유래했다. 조각가 피그말리온은 자신이 조각한 여신상과 사랑에 빠졌다. 이를 가련하게 여긴 아프로디테 여신이 조각상에 생명을 불어넣어, 그 사랑을 이루도록 도왔다고 한다. 이 이야기는 우리에게 중요한 교훈을 준다. 목표를 간절히 원하고 그것을 현실로 믿는다

면 결국 그 목표를 이루는 데 필요한 에너지와 행동을 끌어낼 수 있다는 사실이다. 하지만 현실은 신화처럼 쉽지만은 않다.

연말이 되면 누구나 새해를 준비하며 목표를 세우고 계획을 수립한다. '올해는 정말 잘살아 보자!'라는 다짐과 함께 힘차게 출발한다. 그러나 안타깝게도 많은 경우, 작심삼일을 넘기지 못하고 중도에 포기하고 만다. 솔직히, 새해의 계획을 12개월 동안 꾸준히 실천하는 일은 정말 쉽지 않다. 그 이유를 세 가지로 정리하면, '의욕은 앞서지만, 실행력이 부족하다는 것', '자신만의 실행 프레임(work frame)이 없다는 것', '목표를 나누고 격려해 줄 동료나 커뮤니티가 없다는 것'이다. 여기에 또 하나 더 중요한 요소를 말하자면 바로 피그말리온 효과와 같은 '자기충족적 예언'이다. 목표를 이루기 위해서는 간절히 원하고, 그 목표가 이미 이루어졌다고 믿으며, 실천할 수 있는 구조를 만들어야 한다.

새해의 목표를 끝까지 완주하고 싶다면, 52주 단위로 작성하는 '한 뼘 성장 플래너'를 추천한다. 이 플래너는 단순히 목표를 세우는 것을 넘어, 한 해를 돌아보고 새해를 준비하며, 자신만의 성장 과정을 기록으로 남길 수 있도록 돕는다. 한 뼘 성장 플래너는 '체계적인 실행 도구이며, 커뮤니티와의 연대감, 자신만의 자서전적 기록' 등의 효과를 가진다. 체계적인 실행 도구는 매주 핵심 목표를 설정하고, 작은 실천을 통해 목표를 이루도록 돕는다. 커뮤니티와의 연대감은 같은 뜻을 가진 성장 파트너들과 함께 목표를 나누고 서로 격려하며, 외롭지 않은 여정을 만들어 준다. 한 뼘 성장 플래너에 기록된 내용은 1년이 되었을 때, 세상에서 단 하나밖에 없는 자기만의 자서전적 기록물이 될 수 있다.

새해의 목표를 세우고 싶지만, 중도하차의 쓴맛을 여러 번 봐 엄두가 나지 않는다면, 올해는 '한 뼘 성장 플래너'와 함께 시작해 보라. 아프로디테 여신이 조각상에 생명을 불어넣었던 것처럼, 한 뼘 성장 플래너는 간절함이 있는 여러분의 목표를 향한 여정을 끝까지 완주할 수 있도록 도울 것이다. 새로운 한 해, 간절히 원하는 목표를 이루고 더 큰 성장으로 나아가는 첫걸음을 한 뼘 성장 플래너와 함께 했을 때 당신의 인생은 어떤 변화를 불러올지 상상해 보라.

Q. 당신이 지금 간절히 원하는 것은 무엇인가요?

나만의 동기 부여 **방법**

✎ 모티베이션(Motivation)은 동기 부여란 뜻이다. 이는 조직 차원에서는 조직의 목표를 달성하기 위해 구성원의 행동을 특정 방향으로 유도하는 의미이다. 쉽게 말해, 누워있는 구성원을 일어나서 뛰게 하는 어떤 자극인데, 그것이 눈에 보이지 않는 사랑일 수도 있고, 눈에 보이는 사탕 같은 보상일 수도 있다. 경영학에서는 전자를 동기 요인(내적)이라 하고, 후자를 위생 요인(외

적)이라고 구분한다.

그러면 개인 차원의 동기 부여는 무엇일까? 나는 이를 '자기다움 모티베이션(Selfishness Motivation)'이라고 부른다. 자기다움 모티베이션은 자신이 설정한 목표를 하나씩 달성할 때마다 자기에게 보상을 주는 과정이다. 이 과정에서 동기 요인은 자신을 칭찬하거나 긍정적인 주문을 하는 것이다. 예를 들면, '넌 참 잘했어.', '지금까지 잘하고 있어.', '괜찮아, 천천히 가도 돼.' 이처럼 자신을 격려하는 말은 큰 에너지가 된다. 반면, 위생 요인은 자기에게 작은 선물을 주는 것인데, 예를 들어, 자신이 좋아하는 영화를 영화관에서 보는 것, 근사한 장소에서 맛있는 음식을 먹는 것, 좋아하는 소품을 구매하는 것 등이 있다.

5월 한 달 동안 열심히 산 나에게 자기다움 동기 부여 방법으로 손톱 다듬기를 선물했다. 한 달 동안 신체 중 가장 많이 움직인 열 손가락에게 고마운 마음을 표현한 셈이다. 푸른 빛 바다를 담은 손톱 꾸미기를 하며, 검게 그을린 손등과 주름진 손가락 끝에서 마치 바다 내음이 올라오고, 파도 소리가 들리는 듯했다. 반짝이는 햇살 아래의 바다가 손끝에서 펼쳐진 듯했다. 이처럼 열심히 산 자신을 위해 한 달에 한 번이라도 이기심을 동반한 동기 부여를 해보는 것을 적극적으로 추천한다. 바다에 가지 않아도 바다를 보고, 파도 소리를 듣고, 바다 내음을 느낄 수 있는 작은 행복을 만들어 낼 수 있으니까.

Q. 당신의 자기다움 모티베이션 방법은 무엇인가요?

글쓰기 규칙

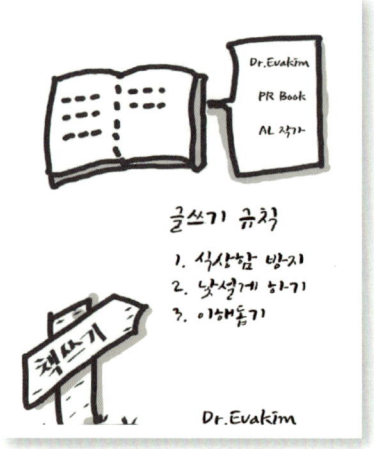

✎ 최근 나는 김밥 파는 CEO로 잘 알려진 김승호 회장님의 이야기를 자주 접하고 있다. 유튜브에 올라온 강의를 틈나는 대로 듣곤 하는데, 이분은 목표 관리의 달인이라는 생각이 들었다. 김승호 회장님은 목표를 세우고 그것을 종이에 쓰는 습관을 20대부터 꾸준히 이어왔다고 한다. 이분은 4,000억 자산가이며, 지금까지도 크고 작은 다양한 목표를 세워 실천하고 있다고

한다. 특히 인상 깊었던 점은 자기의 삶을 책으로 내겠다는 목표를 가지고 있었고, 그 목표를 실제로 이루었다는 것이다. 지금까지 『김밥 파는 CEO』, 『생각의 비밀』, 『돈의 속성』 책이 출간되었고, 청년 사장 대학을 만들어 후배들을 양성한다고 했다.

나는 지금 하반기 목표를 수정 중이다. 연초에 세웠던 계획이 뜻대로 진행되지 않아 방향을 조금 바꾸기로 했다. 그래서 가장 우선순위에 놓은 목표는 '나를 알리는 책 쓰기'이다. 이 글을 쓰면서 김승호 회장님의 이야기를 적은 이유는 기울어진 나의 정신과 몸을 바로잡고, 그의 삶에서 전해지는 철학을 다시금 되새기기 위함이다. 그중에서도 호두나무 열매에 관한 이야기가 특히 와 닿았다. 김 회장은 "호두 열매가 땅에 떨어졌다면 새싹을 틔울 확률이 낮더라도 희망적이지만, 나뭇가지에 붙어 있는 호두는 이도 저도 아닌 상태다."라고 말했는데, 내가 살 이유와 방향에 대한 깊은 깨달음을 줬다.

나의 책 쓰기는 전문적인 전공 서적이 아닌, 나를 알리는 글쓰기다. 누구나 가볍게 재미있게 읽으면서도 자기 삶과 연결 지어 더 나은 생각과 행동을 돕는 글을 쓰고자 한다. 그래서 글쓰기에 다음 세 가지 규칙을 정했다. 하나는 식상함 방지이며, 두 번째는 낯설게 하기, 세 번째는 이해 돕기이다. 예를 들면, AL(Action Learning=실행학습)을 이야기할 때, 가능하면 장당 AL 관련 단어를 1~2개만 사용한다. 왜냐하면, 독자들이 현학적으로 느끼거나 물리지 않도록 하기 위함이다. 낯설게 하기 시작 글은 AL과 무관한 이야기로 시작하되, 본질적으로 AL의 내용을 녹여 쓰는 것이다. 이는 독자들에게 신선함을 주기 위해 일부러 낯선 접근 방식을 택하는 것이다. 또한 내가 직·간접적으로 경험한 내용으로 쓰되, 반드시 나의 이야기를 추가한다. 이는 독자들이 쉽게 이해할 수 있도록 하는 데 목적이 있다. 이 세 가지 규칙을 지키며 글쓰기를 이어가려고 노력 중이다.

얼마 전 한 지인이 나에게 축구 경기는 언제 끝나는지 물었다. 나는 "후반전이 끝나면 끝나는 것이지."라고 대답했는데, 지인은 "주심이 호루라기를 불어야 끝나는 거야."라고 말했다. 나도 지인의 말에 이백 퍼센트 동의했다. 나의 글쓰기 여정도 주심인 내가 호루라기를 불기 전까지 끝난 것이 아니다. 그래서 주심으로서 호루라기를 빨리 불기 위해 일주일에 한 편의 글쓰기 목표를 세워 진행 중이다. 여러분은 글쓰기를 할 때 어떤 규칙을 가지고 싶은가?

Q. 당신에게 맞는 글쓰기 규칙은 무엇인가요?

글쓰기는 상처에 붙이는 **반창고**

• • •

> 글 쓰기는
> 상처난 부위에
> 반창고를
> 붙이는 일이다.
>
> 글을 쓰다보면
> 무엇 때문에 아팠는지
> 알게된다.
>
> Dr. Evakim

✎ 글쓰기란 상처 난 부위에 반창고를 붙이는 일과 같다. 글을 쓰다 보면 내가 왜 아팠는지, 무엇이 나를 상처 입게 했는지 비로소 알게 된다. 상처는 저마다 다르다. 어떤 상처는 선명하고 아프게 덧나고 있지만, 어떤 상처는 오래전에 생겨 희미해진 채 남아있기도 하다. 글쓰기는 그런 상처를 마주하고, 그 위에 반창고를 붙이는 과정이다. 반창고를 붙인다고 상처가 곧바로 치유되

지는 않겠지만, 적어도 우리는 더 이상 그 상처를 외면하지 않게 된다.

시집 『손 흔들어줄 사람』은 글쓰기 경험으로 탄생한 실제 내 사례이다. 이 시집은 아픔과 희망, 그리고 그 모든 감정을 솔직히 담아낸 결과물이다. 시 한 편, 한 편은 나에게 작은 반창고와도 같다. 시집에 수록한 글 중에는 「빈손 흔들어줄 사람만 있어도」라는 제목의 시가 있다.

가지마다 피 멍든 몸뚱이
서릿발 세운 한겨울이 무서워
갓난이 등에 업고, 그저
타고 남은 재처럼 폭삭 꺼질 것만 같았어
용케도 잘 버티면서 살고 있지
한 줌 재로 오롯이 납골당 귀신이 된
당신, 그래요
아들은 친구 따라가고, 딸은
제 이모 따라간 빈방에
아득한 추억이야

당신이야 바람으로 서성거리다가

어느 골짜기에 자리 잡았을 테지
여보! 알아?
세상은 가도 가도 본래 자리 말만 무성해
훗날 우리 아이들이
이 아픔이 무엇인지, 한이 무엇인지
알기나 할까

이 글을 쓰며 깨달았다. 내가 외롭다고 느꼈던 순간들, 그 순간의 상처는 나를 작게 만드는 것이 아니라, 내가 더 깊이 성장할 수 있는 계기가 되어주었다는 것을. 시를 쓰며 마치 그 시절의 나에게 손을 흔들어 주는 것 같은 위로를 느꼈다. 그리고 그 시집으로 또 다른 이들에게도 손을 흔들어 줄 수 있다면, 그것이 글쓰기의 진정한 힘이라고 생각하게 되었다. 글쓰기란 단순히 상처를 드러내는 일이 아니다. 그것은 상처를 돌보고, 때로는 그 상처를 예쁘게 감싸는 일이다. 반창고 위에 작은 그림을 그려 넣듯, 우리는 글쓰기로 아픔을 다독이며 희망을 이야기할 수 있다.

『손 흔들어줄 사람』 시집을 완성하고 나서 내 안의 상처는 조금씩 아물었고, 이제는 다른 사람의 상처를 이해할 수 있는 여유가 생겼다. 글쓰기를 하면서 만들어진 그 시집이 나에게 그랬던 것처럼, 다른 누군가에게도 작은 위로가 되길 바란다. 혹시 오늘도 당신의 마음에 상처가 있다면, 글로 꺼내어 반창고를 붙여보는 건 어떨까? 글쓰기란 그 자체로 아픈 마음을 치유하고, 상처에 숨을 불어넣는 작은 기적 같은 일이므로!

Q. 당신이 생각하는 글쓰기는 무엇인가요?

....
....
....
....
....

표현적 글쓰기

✎ 글을 쓴다는 것은 곧 마음을 여는 일이다. 그리고 마음을 연다는 것은 억눌렸던 감정을 분출하기 시작했다는 신호이기도 하다. 감정을 글로 쏟아내다 보면 심리적인 짐을 조금씩 덜게 되고, 그 과정에서 건강한 생각을 하게 된다. 글쓰기가 심리적 스트레스를 감소시키는 데 효과적이라는 사실은 이미 많은 연구에서 증명되었다.

심리학자 제임스 W. 페니 베이커와 존 F. 에반스는 이를 '표현적 글쓰기'라고 이름 붙였다. 이들은 글쓰기가 심리적 고통을 치유하는 강력한 도구 중 하나임을 밝혀냈다. 나는 글쓰기가 심리적 치유를 돕는다는 사실을 40대 초반에 알게 되었다. 30대 후반에 겪었던 큰 아픔으로 나는 '산다는 것의 의미'를 잊은 채, 하루하루를 멍하니 흘려보냈다. 그런 나날 속에서 내가 할 수 있었던 유일한 내적 활동은 노트에 잡념을 쏟아내는 일이었다.

그러던 중 제주에 사시는 강경우 선생님과의 인연으로 시 공부를 시작하게 되었다. 노트에 쌓아둔 감정을 시로 표현하며 300편 정도의 글을 썼을 때, 내 안에서 큰 변화가 일어났다. 머릿속을 가득 채우던 혼란이 조금씩 정리되었고, 건강한 생각이 스며들기 시작했다. 그 이후로 나는 공부를 다시 시작했고, 좋은 분들을 만나며 '오어더지(오늘은 어제보다 더 지적으로)'를 외치며 하루하루를 새롭게 살고 있다.

글쓰기는 나에게 단순한 기록을 넘어, 감정을 다스리는 방법이자 마음을 순화시키는 도구가 되었다. 글을 쓰면서 내 생각이 정리되고, 감정을 조절할 수 있게 되었다. 누구에게나 심리적 스트레스는 있다. 스트레스를 줄이는 방법으로 글쓰기는 매우 효과적이고 효율적이다. 노트나 종이를 꺼내 아무 생각 없이 떠오르는 감정을 써 내려 가보자. 처음에는 어색하겠지만, 시간이 지나면 조금씩 안정감을 느낄 수 있을 것이다.

겨울이 갔다고
두툼한 옷가지 가지런히
옷장에 넣었더니, 꽃샘추위를 몰고 온 바늘 끝 바람이
사랑을 고백한 그날처럼
온몸을 찌른다.
겨우 한숨 돌린 꽃망울이
봄볕을 그리면서
모질게 다잡은 마음
메마른 나뭇가지 끝처럼
또다시 흔들린다.

윗글은 「꽃샘추위」이란 제목의 시인데, 내가 쓴 첫 번째 글이다. 강경우 선생님의 가르침 덕분에 완성되었고, 나에게는 글쓰기의 치유를 상징하는 소중한 작품이기도 하다. 글쓰기는 내면의 혼란을 정리하고, 상처를 치유하며, 마음의 고요를 되찾아준다. 지금도 나는 글쓰기로 하루하루를 더 단단하게 만들어 가고 있다.

Q. 글 쓰는 일이
심리학 치료로 활용되고 있는 이유가 무엇일까요?

....
....
....
....
....

독서, 나만의 지적 여행

✎ 유영만 교수의 『독서의 발견』 책에 "독서라는 탐험은 내가 살아보지 못한 타자의 삶으로 들어가서 묻고 생각하며, 따져보는 지적 여행이다."라는 문장이 있다. 이 문장을 읽고, 문득 '나에게 독서란 무엇일까?'라는 질문을 했다. 곰곰이 생각해본 끝에 내린 답은 '첫째, 독서는 타인의 생각을 들여다보는 일. 둘째, 독서는 타인의 지식을 나만의 방식으로 새롭게 만드는 일. 셋째, 독

서는 그렇게 만들어진 지식을 나의 성장과 연결하는 일.'이다. 그러니까, 나에게 독서는 나의 성장을 돕는 방법으로, 혼자만의 생각에 갇히지 않고, 다른 사람들의 세상으로 들어가 보는 과정이라고 정의 내렸다.

도야마 시게히코 교수의 『생각의 틀을 바꾸라』 책에서 소개한 '색상별 밑줄 긋기' 방법이 있다. 이 방법이 꽤 신선하고 재미있었다. 내 생각과 일치하는 문장은 녹색으로, 새로운 지식이나 관점을 주는 문장은 노란색으로, 내 생각과 불일치하거나 반박할 문장은 분홍색으로 표시하는 거였다. 나도 이 방법을 조금 변형해서 사용하고 있다. 나는 여기에 주황색과 하늘색을 추가했다. 주황색은 학습 도구와 관련된 문장, 하늘색은 생각 도구와 관련된 문장을 표시하는 데 쓰고 있다. 이렇게 색깔별로 표시한 문장들은 내가 읽은 책을 나만의 방식으로 정리하는 데 큰 도움이 되었다.

그런데 독서는 단순히 밑줄을 긋는 데서 끝나는 건 아니다. 나는 이렇게 밑줄을 그은 문장들을 글로 풀어낸다. 색깔별로 분류된 타인의 문장이 내 생각과 만나서 새로운 문장이 된다. 이렇게 독서에서 얻은 작은 깨달음들이 글쓰기의 연료가 되고, 나의 성장으로 이어지는 과정이 참 재미있다. 아인슈타인의 이야기가 떠오른다. 제자가 아인슈타인에게 '선생님은 이제 다 아시는데 왜 더 공부하세요?'라고 물었을 때, 아인슈타인은 칠판에 동그란 원을 그리며 대답했다고 한다. '이 원 안이 내가 아는 것이고, 원 밖은 내가 모르는 것이다. 그런데 원 밖은 무한히 넓다. 아직 공부할 게 많지 않겠니?'라고 말이다.

  독서도 아인슈타인의 말처럼 그런 것 같다. 내가 모르는 지식을 책에서 탐색하고 탐구하여 나의 세상을 조금씩 확장하는 과정인 것이다. 독서는 단순히 책을 읽는 걸 넘어, 우리 삶을 풍요롭게 만들어 주는 멋진 여행이 될 수 있다.

Q. 당신에게 독서는 어떤 의미인가요?

마음의 건물을 짓는 하루

✎ 로마가 하루아침에 이루어진 것이 아니듯, 석가, 플라톤, 셰익스피어와 같은 위대한 인물들도 한 시대에 갑자기 나타난 것은 아니다. 그들은 각기 다른 생각과 경험을 차곡차곡 쌓아 올리며, 자신만의 내면의 건물을 완성해 갔다. 우리의 마음도 마찬가지이다.

하루하루 쌓아 올리는 생각들이 벽돌이 되어 내면의 건물이 세워

진다. 그런데 그 벽돌은 어떤 것들일까? 예쁜 생각, 긍정적인 생각, 누군가를 돕고자 하는 따뜻한 마음은 튼튼한 벽돌일 것이다. 이런 벽돌을 하나씩 쌓아 올릴 때, 우리의 마음은 단단하고 아름답게 변해간다. 반대로 부정적인 생각이나 자신과 타인을 깎아내리는 생각은 약한 벽돌이 되어, 마음의 건물을 금이 가게 할 수도 있다.

'내가 오늘 마음속에 쌓아 올린 벽돌은 무엇일까?' 바쁜 하루를 돌아볼 때 긍정과 부정의 벽돌이 섞여 있을 때가 많다. '아침에 출근해서 얼마 전 가족을 잃은 지인에게 건넨 따뜻한 말 인사, 김장김치 담그려고 모든 준비 끝내고 절인 배추 기다리다가 전화했더니 다음 주인 줄 알았다는 말과 같이 저녁에 떠올린 후회, 크고 작은 선택들로 삶의 방향이 바뀌는 일들' 등에서 우리는 다양한 벽돌을 마음속에 쌓는다. 마음의 건물은 하루아침에 완성되지 않는다. 매일 조금씩, 좋은 벽돌을 쌓아 올리다 보면 언젠가 튼튼하고 멋진 건물이 세워질 것이다.

어쩌면 벽돌 하나를 쌓는 작은 행동이 당신의 마음뿐만 아니라 다른 사람의 하루까지도 환하게 바꿀 수 있을지 모른다. 따뜻한 미소 한 번, 진심 어린 말 한마디, 그리고 작은 친절이 우리 마음의 기초를 더 단단하게 만들어 줄 것이다.

Q. 당신은 오늘 어떤 벽돌을 쌓았나요?

자수성가형 리더들의 삶에서 배우는 가치

어떤 일을 할 때에는
그 일을 왜 해야 하는지에 대한
의미를 찾아야한다

오프라 윈프리

🖋 내가 특별히 호기심과 관심을 가지는 분야 중 하나는 나보다 더 많은 삶의 경험을 가진 분들과의 대화이다. 그중에서도 조용히 자신의 길을 걸으며 묵묵히 사업을 이어가고 계신 분들의 이야기는 늘 내 마음을 사로잡는다. 나는 이분들을 '자수성가형 리더'라 부른다. 이분들은 자신의 이야기를 깊게 쌓아두고 있다. 그분들의 이야기를 듣다 보면, 마치 숨겨진 보물을 발견한 것처럼

마음이 벅차오른다. 이분들의 삶은 세상에 널리 알려지지 않았지만, 그 속에는 가치 있는 경험들이 가득 담겨 있다.

몇 해 전, 지인 소개로 자수성가형 리더를 알게 되었다. 가끔 만나 이야기를 나눌 때마다, 그분의 철학과 삶의 태도에서 깊이 감동했었다. 어느 날, 나는 질문을 한 적이 있다.

"혹시 장자나 노자를 공부하셨나요?"

그러자 그분께서는 미소를 지으시며 이렇게 말을 했다.

"산 사람 공부하기도 바쁜데, 죽은 사람 공부는 왜 합니까?"

그 미소 속에는 그분께서 살아가며 추구해 온 삶의 의미와 가치가 담겨 있었다. 책에서 배운 지식이 아니라, 직접 경험하고 깨달은 삶의 철학으로 살아가시는 모습은 나에게 깊은 울림을 주었다. 자수성가형 리더분들의 이야기를 들을 때마다, 나는 그분들의 도전 정신을 그림과 글로 기록하고 싶은 마음이 든다. 그분들의 삶을 비주얼 씽킹으로 담아내고, 글로서 가치를 남기는 일은 나에게 큰 의미가 될 것이다.

자수성가형 리더들은 많지만, 훌륭한 업적에도 불구하고 세간의 주목을 받지 못하는 경우가 많다. 시간이 지나면 그분들의 이야기가 바람처럼 사라질지도 모른다. 그래서 나는 이분들의 아름다운 도전 정신을 잠수함에 두고 싶지 않다. 그분들의 삶을 그림 한 장, 한 줄 글이라도 남겨 기억하려고 기획 중이다.

> **Q.** 혹시 주변에 자수성가형 리더가 있나요?
> 그분께서는 어떤 도전 정신을 가졌으며,
> 추구하는 삶의 의미와 가치는 무엇이었나요?

아름다운 관계

• • •

✎ 보태니컬 아트 연습은 다양한 생각과 배움을 준다. 오늘은 연꽃과 호도사요를 그렸다. 나 홀로 배우는 중이라서 대상의 모양과 위치, 크기, 명암 등을 고려하여 표현하고 싶지만 어렵다. 그런데도 깨달은 중요한 교훈이 하나 있는데, '조화와 균형'이다.

항상 그림을 그릴 때 그림 내용과 연결되는 메시지는 무엇인지 생각한다. 애써 그린 그림인데 전달하고자 하는 메시지가 없다면 조화와 균형이 깨진 것이나 다를 바 없기 때문이다. 메시지가 있는 조화와 균형은 아름다운 관계를 연상케 한다.

오늘 그린 연꽃과 호도사요 그림에서는 '조화로운 관계'를 떠올리게 되었다. 연못에서 한가로이 발을 담그고 있는 호도사요와 그 곁에서 피어난 연꽃은 서로 다른 존재이지만, 서로 어우러져 아름답게 보인다. 박남준 시인은 바위와 소나무 관계를 아름답게 표현했다. 바위틈을 비집고 소나무가 자라나는 것을 보고 아름다운 관계라 한 것이다.

박남준 시인의 바위와 소나무처럼 호도사요와 연꽃도 그 자체로 아름다운 관계다. 자연의 작은 존재들이 서로를 품어내고 균형을 이루는 모습처럼 내가 그림을 그리며 그림에서 메시지를 불러내는 것도, 아름다운 관계라고 억지로 주장한다.

Q. 당신이 생각하는 아름다운 관계는 무엇인가요?

건드리지 마세요

• • •

✎ 요즘 글신이 글내림을 주지 않는다. 신을 모시는 사람에게 신내림이 필요하듯, 글을 쓰는 사람에게도 글내림이 있어야 한다. 글내림이 있을 때는 한 주제만 가지고도 연상이 거듭되고, 글감들이 풍부하게 떠오른다. 어떤 날은 하루에도 여러 편의 글감이 줄을 서서 제 차례를 기다린다. 그 글감들은 내가 더 멋진 글을 쓰도록 단어와 이미지를 연결한다. 그러나 요즘은 글내림이 도통 신통치 않다. 간신히 왔다가 사라지는 경우가 대부분이고,

때로는 신호조차 없을 때도 있다. 내 생각을 돕는 세포들이 모두 잠수 중이거나 출장이라도 간 듯하다.

새벽에 나는 글내림을 받기 위해 간절히 기도했다. '제발 글신이시여, 다시 왕림하여 주시옵소서!' 이런 기도를 드린 후 그림을 그렸다. 그림은 나만의 글신을 부르는 방법이다. 최근 독학으로 시작한 보태니컬 아트가 글내림을 받기 위한 나의 비법이다. 오늘은 엉겅퀴를 그려보았다. 그리고 엉겅퀴의 꽃말을 찾아보니 '나를 건드리지 마세요.'였다. '헉, 글신이 나에게 이런 메시지를 보낸 걸까? 이런 젠장, 오늘도 틀렸구나!' 싶었지만, 그때 엉겅퀴가 '너는 아직도 나를 알아보지 못하느냐?'라고 내게 말을 거는 것 같아 뜨끔했다.

누군가는 엉겅퀴의 꽃말을 이렇게 설명했다. 엉겅퀴가 '건드리지 마세요.'라는 메시지를 주는 이유는 자신이 상처받기 싫어서가 아니라, 자신을 만지는 사람이 상처받을까 두려워서일지도 모른다고. 엉겅퀴의 온몸에는 억센 가시 털이 나 있어 너무 꽉 쥐면 손바닥에 가시가 박힌다. 내가 조급해서 글 내림을 강요하다 보면, 글신의 가시 털이 내 손가락에 박혀 이상한 문장을 만들어낼 수 있음을 알아챘다.

어디선가 "너를 상처 주고 싶지 않아서야."라는 소리가 들린다.

*글내림(마치 신내림처럼 글이 저절로 떠오르는 영감의 순간)

> **Q.** 당신이 하고 싶은 일이 있는데 제대로 이루어지지 않고 있을 때 어떤 방법으로 극복하나요?

....
....
....
....
....
....
....

마음을 얻는다는 것

   ✎ 코스타리카의 긴꼬리매너킨은 암컷의 마음을 얻기 위해 10년 이상의 세월 동안 춤과 노래를 연습한다. 이 새들은 일생을 노래와 춤 연마에 바치며, 스승의 마음을 얻기 위해 스스로를 단련하고, 또 10년간의 가르침 끝에 비로소 암컷 앞에서 자신의 실력을 증명해 낸다. 절묘한 박자와 타이밍이 생명인 '등넘기 탱고'는 암컷의 마음을 얻기 위한 결정적 순간이다. 사람의 마음

을 얻는 것도 이와 같다고 엄원태 시인은 말한다.

 사람의 마음을 얻는다는 것은 인생에서 가장 중요한 일 중 하나이다. 인간은 상호작용하며 살아가는 사회적 동물이기 때문이다. 우리가 어떤 일을 하든지, 사람과의 관계를 떠나서는 살 수 없다. 부모와 자식, 형제, 친구, 직장 동료, 지인 등, 우리가 맺고 있는 모든 관계가 이를 증명한다. 나이 오십에 이르러 뒤를 돌아보니, 정말 셀 수 없을 정도로 많은 사람과 관계를 맺고 살아왔음을 새삼 깨닫게 되었다. 그중에서도 내 인생에 큰 전환점을 가져다주신 세 분의 스승님을 모셨던 것은 큰 행운이었다.

 먼저, 시가 무엇인지 어렴풋이나마 알게 해주신 강경우 시인님. 그리고 자기계발에 열정을 쏟던 나를 다독이며, '슬로우 슬로우'를 강조하셨던 진정한 멘토, 고 이영권 박사님. 마지막으로, 늦은 나이에 경영을 공부하던 저를 끝까지 믿고 지도해 주신 봉현철 교수님이다. 이분들과의 인연을 돌이켜 보면, 마음을 얻는다는 것이 얼마나 오랜 노력과 진심을 필요로 하는지 깨닫게 된다. 마치 엄원태 시인의 시에 등장하는 긴꼬리매너킨 새처럼 말이다.

 사람은 누구나 어떤 목표를 이루고자 할 때, 반드시 관계된 사람의 마음을 얻어야 한다. 마음을 얻는 것이야말로, 모든 성공의 시작이기 때문이다. 지금도 늦지 않았다. 당신이 원하는 무언가가 있고, 그것이 꼭 필요하다면 관계된 사람의 마음을 얻는 것이 답일 것이다. 엄원태 시인의 시에서처럼, 마음을 얻기 위해서는 오랜 시간과 노력이 필요하다. 하지만 그 노력 끝에 얻게 되는 인연은 분명 우리의 삶을 더 풍요롭게 만들어 줄 것이다.

Q. 당신은 누구의 마음을 얻기 위해 살고 있나요?

에바킴 님의 글을 읽고 난 후 소감을 적어 보세요.

성장 스토리 작성

주제 or 질문:

이미지 그리기

글쓰기

* 에바킴의 성장 스토리 글을 읽고 나서 기억나는 주제나 질문을 한 가지 기록한 후, 이미지를 그리고 글을 적어 보세요.

곰곰이의 성장 이야기

곰곰이

✎ 저는 고양이를 사랑하고, 요가와 성장 일지를 통해 매일 조금씩 더 나은 사람이 되고자 노력하는 간호조무사입니다. 현재 경기도 의정부에 있는 병원에서 일하며 보람찬 하루하루를 보내고 있고, 인생에서 세 번 찾아온다는 소중한 기회 중 하나를 만나 새로운 도전의 문을 열게 되었습니다. 특히 매년 써온 성장 일지의 글들이 한 권의 책이 될 수 있게 되어 무척 기쁘고 뿌듯합니다. 앞으로도 더욱 주체적인 삶을 살기 위해 꾸준히 기록하고 배움에 힘쓰며, 저 자신과 주변 사람들에게 긍정적인 영향력을 전하고 싶습니다.

작은 도전에서 시작된 나의 달리기 스토리

    🖊 올해 꼭 이루고 싶었던 목표 중 하나는 하프 마라톤 참가였다. 주 2회 2km씩 달리고, 주 3회 요가로 체력을 단련하며 준비하겠다는 계획도 세웠다. 하지만 날짜를 맞추기도 어렵고, 괜히 무리하다가 다치지는 않을까 걱정이 앞섰다. 그러던 어느 토요일 아침, 집 앞 중랑천을 산책하다가 반가운 현수막을 발견했다. 바로 내가 사는 의정부시에서 열리는 '동오마실런 6km' 마라

톤 소식이었다. 무리 없이 즐길 수 있을 것 같아 망설임 없이 바로 신청했다.

 대회 날, 근무를 마치고 동오역에 오후 3시까지 도착했다. 미리 싸온 고구마와 삶은 달걀로 가볍게 에너지를 채우고, 행사 준비 현장을 둘러보며 대회의 분위기를 만끽했다. 출발 시간이 다가오자 의료지원팀에서 발목에 꼼꼼히 테이핑을 해주었는데, 달릴 때 다리가 훨씬 가볍고 부드럽게 느껴졌다. 나처럼 혼자 러닝에 참가한 분들도 꽤 많았다. 지긋한 연세의 어르신 커플부터 가족 단위로 온 꼬마들, 활기찬 젊은 러닝 크루까지 다양한 사람들이 모여 있었다. 덕분에 자연스럽게 말을 건네며 사진을 찍어주고, 함께 뛰며 대화도 나눴다. 친구와 같이 오려다가 혼자 오게 된 아저씨의 이야기를 듣고, 서로 웃으며 응원하는 순간들 속에 벌써 따뜻한 분위기가 감돌았다.

 출발 전, 다 함께 에어로빅으로 몸을 풀었다. 강사의 유쾌한 구령과 에너지가 흥을 돋워주었다. '5, 4, 3, 2, 1' 출발 신호와 함께 쏟아진 함성과 선선한 날씨는 달리기에 완벽한 조건이었다. 중간중간 마련된 급수대와 봉사자분들의 응원에 힘을 얻어 반환점까지 달렸고, 숨이 조금 차기 시작했지만, 결승선을 향한 기대감이 더 컸다. 마침내 결승점을 통과하는 순간, 6km라는 거리 이상의 성취감이 밀려왔다. '해냈다.'라는 뿌듯함과 함께 활짝 웃는 내 모습을 사진으로 남기니, 인생의 한 장면을 아름답게 기록한 듯 행복했다.

이 경험은 내년 하프 마라톤 완주 목표를 세우는 계기가 되었다. 더 나아가 10년 후에는 뉴욕 마라톤 결승선을 태극기를 두르고 통과하는 상상까지 해본다. 달리며 스스로에게 한 약속들을 하나씩 지켜나가는 내가 기대되고, 그 생각만으로도 기분이 참 좋다. 작은 도전에서부터 시작된 달리기 스토리. 앞으로 내가 달려갈 길이 더욱 설렌다.

발등에 불

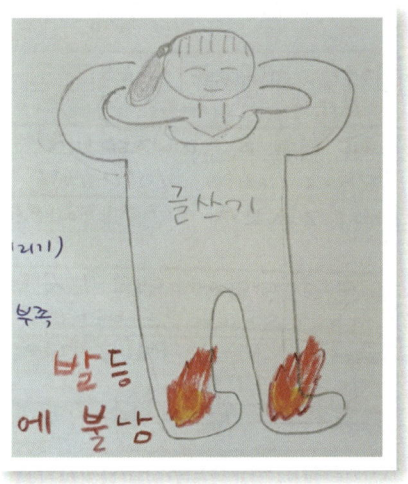

✎ 결국, 발등에 불이 떨어졌다. 성장 일지 10편을 쓰겠다고 공언해놓고도, 부끄럽게도 이제까지 3편밖에 올리지 못했다. 그 후로는 입맛도 없고, 밤잠도 제대로 이루지 못했다. 쉬는 시간에도 해야 할 일을 차마 시작하지 못하는 나 자신을 탓하며 머리가 아프고 마음은 어수선해졌다.

왜 이렇게 글쓰기가 어려울까 생각해보면, 아마도 의자에 앉아 집중하는 것이 내게는 꽤 벅찬 일이기 때문일 것이다. 봄에 줌으로 진행된 회의 때, 에바 선생님께서 책을 낸다고 이야기하셨다. 그때 나는 과연 내가 이 프로젝트에 함께할 자격이 있는 사람인지 의문을 가졌던 것 같다. 독수리 5자매 이야기하며 즐겁게 대화하던 순간이었음에도, 내 안에서는 불안과 의심이 밀려왔다.

글쓰기가 어려운 또 다른 이유는 글을 쓰는 과정에서 '나의 무지와 어리석음'을 직접 마주하게 되기 때문인 것 같다. 매일, 매주, 매달 별다른 생각 없이 감정에 휩쓸려 지내던 내가 '성장 일지'를 쓰면서 비로소 나 자신을 돌아보게 됐다. 그렇게 마주한 내 실체는 나를 부끄럽게 했고, 많은 반성을 거치게 했다. 그간 계획 없이, 그저 시간이 흐르는 대로 살아왔다는 걸 깨달았다. 나름 성실히 산다고 생각했지만, 눈에 보이는 뚜렷한 결과물은 거의 없었다. 이유는 간단했다. 내가 무엇을 이루고 싶은지, 어떤 삶을 원하는지에 대한 분명한 목표나 계획이 없었기 때문이다.

하지만 '성장 일지'를 쓰면서 내가 무엇을 중요하게 생각하는지, 앞으로 어떤 삶을 살고 싶은지 스스로에게 물어볼 수 있었다. 자연스럽게 계획도 세우게 되었다. 결국, 누구에게나 주어진 시간은 동일하다. 1년 365일이라는 시간 안에 어떤 사람은 꿈을 이루고,

또 다른 사람은 그저 나이만 한 살 더 먹는다. 이제야 겨우, 나는 내게 중요한 것들을 정리하고 있다.

　일요일 저녁, 휴대폰을 들여다보고 있으면 남편이 재촉하곤 한다. "빨리 써, 나중에 후회하지 말고." 그런 남편이 때로는 귀찮지만, 한편으로는 고맙다. 고민만 잔뜩 하다가도 막상 글을 다 쓰고 나면 뿌듯해하는 내 모습을 그는 알기 때문이다. 그렇게 시작한 성장 일지도 벌써 4년이 흘렀다. 얼마 전 오랜만에 만난 친구는 내가 달라졌다고 말했다. 눈빛에 자신감이 생겼고, 차분하고 편안해 보인다고 한다. 작은 성취가 주위 사람들에게도 좋은 에너지를 줄 수 있다는 사실에 마음이 따뜻해졌다.

　지금 나는 7편까지 글을 썼다. 틈틈이 적어둔 메모를 다시 읽고 정리하면서, 그야말로 '죽이 되든 밥이 되든' 10편을 마무리하는 것을 목표로 삼고 있다. 모두 써내고 나면, 아마 다리를 쭉 뻗고 마음 편히 잠을 청할 수 있을 것이다. 어차피 해야 할 일이라면 늦기 전에 한 걸음씩 나아가는 편이 낫다. 그래서 나도 오늘은 굳게 이를 악물고 글을 쓴다. 이제 조금씩, 하지만 꾸준히 나아간다. 그것이 지금 내게 필요한 용기다.

따뜻한 무관심

✎ 올해 첫눈이 내린 아침, 밤새 내린 눈 덕분에 온 세상이 하얗게 변했다. 눈을 뜨자마자 라디오를 켰더니, 귀여운 사연 하나가 흘러나왔다. 30개월 된 아들이 창밖에 쌓인 눈을 보며 "어서 밥 먹고 장화 신고 나가야 해요!" 하면서 들떠 있다는 어느 엄마의 이야기였다. 마치 새하얀 세상에 첫발을 내딛는 순간, 그 아이의 호기심과 설렘이 눈앞에 그려지는 듯했다.

그 이야기를 듣자, 나도 우리 아이가 첫눈을 맞이했던 날이 떠올랐다. 20여 년 전, 우리 집에도 막 걸음마를 시작한 남자아이가 있었다. 조심성 많던 작은 아이는 눈 위를 살금살금 걸으며 작은 발자국을 남겼다. 기저귀를 찬 통통한 엉덩이를 흔들며 걸어가던 그 뒷모습이 얼마나 사랑스러웠는지, 아이를 키우는 수고로움이 눈 녹듯 사라지는 순간이었다.

"민서야, 수증기가 하늘로 올라가 구름이 되고, 그 구름이 눈이 되어 다시 내려오는 거야. 신기하지?"

"지금은 겨울이야. 조금 있으면 산타 할아버지도 선물을 주러 오실 거야."

내가 아이에게 첫눈과 겨울의 마법 같은 이야기를 들려주던 날이 엊그제 같은데, 그 '아이'는 이제 청년이 되었다. 내가 기대고 싶어질 정도로 훨씬 어른스러워진 모습에 때로는 놀라기도 한다. 간섭하려 하면 단호한 목소리로 '제가 알아서 할게요!'라며 거리를 두는 그 아이. 이제는 내 간섭이 별다른 의미가 없다는 걸 알면서도, 여전히 잔소리를 멈추지 못하는 나를 보기도 한다. 아이가 그 자신의 속도로 성장을 이어가는 것을 따뜻한 무관심으로 바라보는 것. 지나친 간섭 대신 뒤에서 응원하는 그 마음이, 어쩌면 부모로서 내가 보여줄 수 있는 가장 성숙한 사랑일지도 모른다.

요즘은 SNS 덕분에 서로의 일상을 훤히 들여다보는 시대다. 과거라면 아들의 여자친구 사진 한 장 보는 것도 어려웠을 텐데, 이제는 손쉽게 이미지와 겉모습을 접할 수 있다. 하지만 역설적이게도 마음속 진심을 읽기란 점점 더 어려워지는 듯하다. 급격히 발전한 사회에서 세대 차이는 1세대가 아닌 '1.5세대'라는 농담 같은 말이 나오기도 한다.

"아이는 부모의 뒷모습을 보고 자란다."라는 오래된 격언이 있다. 내가 먼저 내 삶을 당당하게 살아간다면, 언젠가 아이도 그 의미를 이해할 것이라 믿는다. 나는 성인이 된 자식과 바람직한 관계를 '따뜻한 무관심'이라고 생각한다. 부모로서 과도한 간섭 대신, 격려하는 마음으로 한발 뒤에서 지켜봐 주는 태도 말이다. 자식이 어설프게 느껴지고 부족해 보일지라도, 그들 나름대로 최선을 다해 살아가려 애쓸 것이다. 믿어주는 것이 중요하다.

언젠가 아이가 완전히 독립하는 날이 올 것이다. 그때가 되면 나는 환한 미소로 이렇게 말해주고 싶다. '네 덕분에 우리 가족은 정말 즐겁고 화목했어.' 그 한마디가 진심을 담아 전해질 수 있다면, 그것으로 충분하지 않을까?

Goodbye November

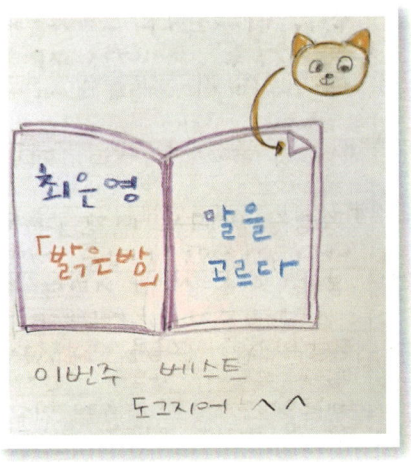

✎ 올해도 이제 한 달만을 남겨두고 있다. 12월을 맞이하며 올해 가장 인상 깊게 읽은 책을 꼽으라면, 단연 최은영 작가의 『밝은 밤』일 것이다. 독서 챌린지를 통해 알게 된 이 소설은 생각보다 훨씬 깊은 울림과 위로를 전해주었다. 사는 게 나만 힘든 게 아니라는 마음으로 읽기 시작했지만, 책이 건네준 감동은 기대 이상이었다.

이야기는 기막히게 얽힌 가족사에서 시작한다. 엄마와 할머니는 오랫동안 연락을 끊고 지냈고, 30대 손녀가 우연히 할머니를 만나게 되면서 그동안 알지 못했던 깊은 사연과 상처를 마주한다. 시대적 배경은 1930년대쯤, 백정의 딸로 태어난 증조할머니 삼천은 차별과 멸시를 받으며 자랐지만 씩씩하고 당당한 성격으로 꿋꿋이 살아간다. 평민 출신 남편과의 결혼 생활도 외로웠지만, 순수하고 따뜻한 친구 새비를 만나 딸들을 함께 키우며 물질적으로는 부족해도 정서적으로 행복한 시절을 보낸다.

전쟁으로 인해 어쩔 수 없이 헤어지는 장면을 읽을 때는 나도 모르게 마음이 저릿했다. 두 사람은 단순한 친구를 넘어 자매 같은 연대를 나누었는데, 서로의 아픔을 살뜰히 챙기고 위로하는 모습이 참 따뜻하고 아름다웠다. 이렇게 마음을 나눌 수 있는 친구가 있다는 것은 정말 큰 축복이라는 생각이 들었다.

증조할머니와 새비 아주머니는 각자의 자리에서 최선을 다해 딸들을 키우고, 딸들 역시 자기 삶의 궤적을 따라 성장해 간다. 하지만 두 딸은 서로를 잊은 채 각자의 삶에 몰두했고, 손녀의 도움으로 비로소 추억 속이 아닌 현실에서 재회할 가능성을 품으며 이야기는 끝을 맺는다.

이 책을 읽으며 가장 인상 깊었던 문장은 '말을 고르다.'라는 표현이다. 손녀 지연이가 직장 선배와 대화하던 중, 선배는 지연이의 이혼 이야기를 듣고 바로 어설픈 위로를 건네기보다 잠시 침묵하며 신중하게 말을 고른다. 지연이는 그 침묵의 순간을 고맙게 여겼고, 나 역시 이 문장을 통해 깨달았다. 때로는 침묵이 어색해 성급한 말을 뱉기 마련이지만, 상대방을 진심으로 생각한다면 조용히 말을 고르는 시간이 필요하다는 것과 독서 모임에서 이 책을 낭독했을 때, 평소 감정을 드러내지 않던 한 분이 울컥하며 끝까지 읽지 못한 순간도 인상 깊었다. 요즘처럼 빠르고 자극적인 이야기가 넘치는 세상에서, 한 권의 책으로 울컥하는 감정을 함께 나눌 수 있다는 사실이 내 마음을 오래도록 따뜻하게 데워주었다.

　엄청나게 대단한 업적이 아니어도, 우리네 삶의 이야기는 그 자체로 소중하다. 『밝은 밤』 책은 1930년대 후 여성들의 삶을 다룬 이야기인데, 감수성이 풍부한 독자라면 누구나 공감할 수 있는 작품이다. 이 책을 통해 친정 모친의 이야기도 새삼 귀 기울이고 싶어졌다. 왜냐하면, 엄마의 이야기는 곧 나의 역사를 듣는 일이기도 하기 때문이다. 7남매의 장녀로 태어나, 아들 하나 딸 셋의 엄마가 되기까지, 걸어온 친정 모친의 길을 찬찬히 들어보고 싶었다.

2024년에 남은 한 달 동안 엄마 이야기를 들으며, 소중한 책 속의 기억을 되새기고, 평범한 엄마와 딸 이야기로 마무리해 보련다.

봄날의 카페, 그리고 성장 일지를 쓰는 우리

✐ 이른 아침, 우리는 한적한 카페에서 만났다. 테이블에는 '쑥라떼, 크림라떼, 로얄밀크티'가 나란히 놓였다. 오늘 만남에는 아름다운 목적이 있었다. 바로 에바 선생님이 출간할 성장 일지 책에 우리 글도 함께 실린다는 것이다. 막상 글을 보내려니 부담감이 컸지만, 셋 다 같은 마음이라 결국 함께 모여 글을 쓰기로 했다.

블루 님은 성실한 노력파답게 벌써 열심히 써 내려 가고 있었다. 오렌지 님은 뜸을 들이고 있지만, 조만간 멋진 글이 '꽃망울'을 터뜨릴 듯한 예감이 들었다. 나는 카페에서 흘러나오는 음악을 듣고, 바깥 풍경을 천천히 감상하며 나만의 글을 이어갔다. 우리 셋은 성향도, 성격도, 커피 취향도 다르지만, 이렇게 한자리에 모여 글을 쓰고 있는 마음은 신기하고 몸은 즐거웠다.

우리는 글쓰기를 하다 지치면 잠시 카페 밖으로 나가 산책을 했다. 이름 모를 작은 새들이 나뭇가지 위에 앉아있었다. 푸른 나무들, 아직 만개하지 않은 벚꽃과 노란 산수유가 싱그러운 봄을 알리고 있었다. 우리는 문득 걸음을 멈추고, 새소리에 귀 기울였다. 그때 블루 님과 오렌지 님이 감탄하듯 말했다.

블루 님: "새소리 참 좋네요!"
오렌지 님: "너무 예뻐요!"

2024년 봄날의 하루가 오래도록 기억에 남을 것 같다. 블루 님의 권유로 시작한 성장 일지는 이제 나에게 주 단위로 스스로를 성찰하고 삶을 계획하는 습관을 선물해 주었다. 해를 거듭할수록 차곡차곡 쌓여갈 나만의 성장 기록을 떠올리면 뿌듯한 마음이 든다. 카페에서, 봄날 거리에서, 그리고 서로 다른 속도로 글을 써 내려 가는 이 순간들. 이 모든 것이 모여 언젠가 한 권의 책, 나아가 나의 삶 속 흔적으로 남을 것이다. 그렇게 오늘도 우리는 성장의 한 페이지를 채워나간다.

덕선이에게서 배우는 작은 행복

✎ 우리 집에는 귀여운 고양이가 함께 살고 있다. 이름은 '덕선이', 올해 9살이 된 녀석이다. 유명한 드라마에 나온 이름을 따왔는데, 밝고 씩씩하게 사랑을 많이 받길 바라는 마음에서 붙여주었다.

덕선이가 처음 우리 집에 왔을 때, 솔직히 우리 가족은 조금 정체기에 있었다. 남편은 사업이 어려워 고민이 많았고, 큰아들은 재수생 시절을 보내며 힘겨워했다. 사실 그때 우리는 한 생명을 기를 여유 따윈 없었다. 그런데 오히려 덕선이는 우리에게 작은 행복을 한가득 안겨주었다. 조그만 몸으로 사뿐사뿐 걸어 다니며 가끔 '야옹'하고 울어주는 것만으로도, 우리는 참 오랜만에 자주 웃었다. 우아하게 조용히 앉아있는 덕선이의 모습은 마음에 평온을 안겨주었고, 집에 혼자 있을 때도 적적하지 않았다.

독서나 집안일을 할 때면 덕선이는 저만치 앉아 나를 바라봐 준다. 수선스럽게 뛰어다니며 응원하는 것이 아니라, 잔잔한 시선으로 말없이 응원해 준다. 그 고요한 지지 덕분에 내 마음은 단란하고 편안하다. 잠시 한눈팔다 다시 보면, 덕선이가 조그만 발을 가리고 잠든 모습을 보게 되는데 얼마나 사랑스러운지 모른다. 내가 믿을 수 있고 의지할 수 있는 존재라는 듯, 편안하게 잠든 그 모습이 참 고맙다.

고양이의 시간은 인간의 것과 다르다고 한다. 고양이는 늘 현재에 머무른다. 바꿀 수 없는 과거에 얽매이지 않고, 아직 오지 않은 미래를 두려워하지 않는다. 나는 그 자세를 덕선이에게서 배운다. 나는 분명 행복한 집사임이 틀림없다.

가족 식탁에서 피어나는 소소한 행복

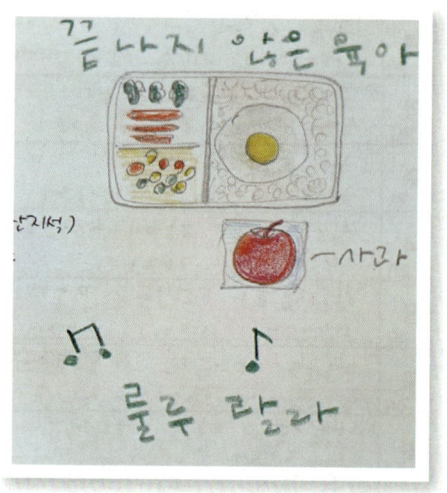

    퇴근 시간이 나보다 두 시간 정도 빠른 남편은 집에 오면 저녁 준비를 한다. 나는 가끔 농담 삼아 '이 맛에 일찍 들어온다.'라고 너스레를 떨기도 한다. 휴대폰으로 여기저기 레시피를 참고하며 나를 위해 요리를 해주는 그 마음이 참 고맙다. 젊었을 때는 친구들과 어울리기 좋아해 내 속을 꽤 썩이던 그가 세월이 흐르며 참 든든한 버팀목이 되어주니 새삼 감사한 마음이 든다.

남편은 "당신에게 20년 동안 밥을 해줬으니, 앞으로 20년은 내가 책임지겠다."라고 웃으며 말한다. 정말일지 모르겠지만, 한번 믿어 보기로 했다. 아니, 믿는다.

주말이면 우리 가족은 다 같이 모여 식사하려고 노력한다. 가족 모두가 둘러앉아 먹는 밥은 늘 화목하고 즐겁다. 하지만 식사 후 설거지는 누구나 피하고 싶은 일이다. 그래서 우리는 가위바위보로 설거지 당번을 정한다. 재미있게도, 저녁 준비에 참여하지 않은 사람이 매번 가위바위보에서도 잘 진다. 장보기를 거들지 않거나 재료 준비를 소홀히 하면 패배 확률이 이상하게도 높아지는 것 같다. 다 큰 어른들이지만 가위바위보를 할 때만큼은 어린아이처럼 순수해진다. 꼭 이기고 싶어 반짝이는 눈빛, '내가 부모님을 이겨도 괜찮을까?' 하고 흔들리는 눈빛이 참 사랑스럽다. 어떤 결과가 나오더라도 수긍하며, 마주 웃는 그 순간, 우리는 가족이라는 울타리 안에서 행복한 정을 나눈다.

누군가는 운전과 요리가 즉각적인 성취감을 느낄 수 있는 일이라고 했다. 사실 장보기나 재료 손질처럼 번거로운 과정도, 가족 간의 정을 쌓는 소중한 시간이 될 수 있다는 생각이 든다. 우리 가족은 자연스럽게 남녀평등을 실천하고 있으며, 나와 남편은 아이들에게도 서로 돕고 나누며, 협업하는 모습을 보여주려고 노력한다. 이런 내 생각과 행동이 더 많은 세상을 살아갈 아이들에게 좋은 밑거름이 되리라 믿는다. 갓 지은 밥 냄새가 주방 가득 퍼진다. 나는 참 행복하다.

우리 아이들이 자라는 모습을 바라보며

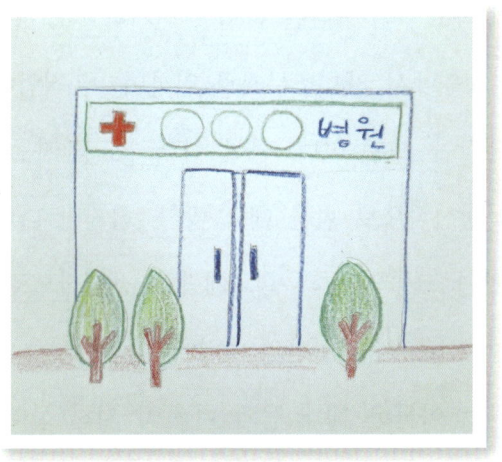

✎ 오늘 병원에서는 키 52cm, 몸무게 5.7kg의 30일 된 아기, ○○○ 군이 영유아 검진을 받았다. 병원 안으로 들어온 작은 생명체는 그야말로 사랑스러움 그 자체였다. 속싸개에 싸인 아기의 작은 얼굴은 발그레했고, 고르고 여린 숨소리가 들려왔다. 앙증맞은 손과 발, 그리고 제법 큰 울음소리까지 모든 것이 사랑스러운 모습이었다. 병원 안의 공기는 그 아기 하나로 환해졌고,

모두가 엄마 미소를 지었다. 저렇게 작은 생명이 무럭무럭 자라 돌이 지나면 걷고 뛰며, 노란 유치원 가방을 메고 학교에 가고, 언젠가는 어엿한 사회의 구성원으로 성장해 나간다. 삶의 모든 시작점이 이렇게 작고 순수하다는 사실이 신기하고도 경이롭다.

나는 개인병원에서 간호조무사로 일하며 이 직업이 내게 참 잘 맞는다는 생각을 자주 한다. 물론 하루하루 환자들을 돌보며 육체적으로나 정신적으로 힘들 때도 많다. 하지만 다양한 연령대의 사람들을 만나 그들의 삶과 희로애락을 간접적으로 경험하고 배울 수 있다는 점은 이 직업만의 매력이다.

병원을 찾는 이들은 대개 몸과 마음이 지친 상태로 찾아온다. 그들에게 내가 건넨 작은 위로가 하루를 버티게 해주는 힘이 될 수도 있다. 그래서 나는 항상 따뜻하고 부드러운 태도로 다가가자 한다. 말 한마디가 누군가의 마음을 어루만지고, 나아가 서로를 이해하는 계기가 될 수 있다고 믿기 때문이다.

사실 나는 어릴 적부터 사람에게 관심이 많았다. 학업보다는 주변 사람들의 이야기에 더 귀를 기울이던 아이였다. 부모님께서 그 점을 걱정하시기도 했지만, 그 덕분에 이름을 잘 기억하고, 사람들의 작은 변화와 행동을 세심히 살피는 습관이 생겼다. 지금의 나는 이 습관이 직업적인 큰 장점이 되었다고 생각한다.

병원에서 함께 일하는 원장님은 그런 나의 롤모델이다. 진료실에서 단호하게 잘못된 식습관과 생활 태도를 지도하시면서도, 환자들에게는 눈높이에 맞춰 한 번 더 친절히 설명을 반복하신다. 그 따뜻한 태도와 일에 대한 진정성은 주변 사람들에게 긍정적인 에너지를 전달한다. 나 역시 그런 태도를 본받아 일을 사랑하고 보람을 느끼는 방법을 배워가고 있다.

처음부터 작지만 알차게 꾸려진 병원에서 일하고 싶다는 꿈이 있었다. 지금 내가 그 꿈을 이루었다. 내가 그렸던 바로 그 공간에서, 내가 원하는 방식으로 사람들을 돕고 있다. 여전히 부족한 점이 많지만, 이 병원에서 내 몫의 일을 오래도록 변함없이 해내고 싶다. 매일 크고 작은 기적을 마주하는 이곳에서, 오늘의 감동을 마음에 새기며 내일도 새로운 하루를 시작하려 한다.

크고 화려하진 않지만 따뜻했던 울타리

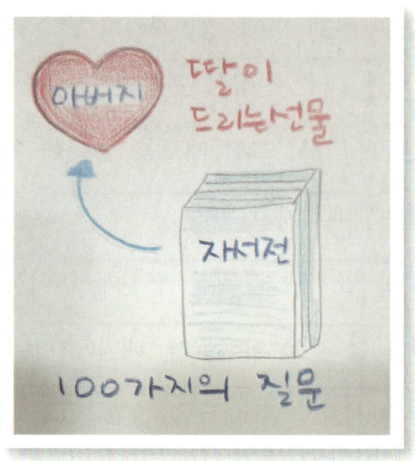

✎ 점심을 먹고 직장 근처 공원을 천천히 한 바퀴 돌았다. 제법 큰 나무들이 고요히 서 있고, 곳곳에 쉬기 좋은 벤치가 놓여 있었다. 고개를 들면 하늘이 보이고, 멀리 산이 아른거리는 공원. 하루의 무게를 잠시 내려놓기 좋은 공간이다. 공원을 걸으며 문득 아버지에게 안부 전화를 드렸다. "아버지, 잘 계세요?" 그날따라 아버지는 더 반갑게 맞아 주셨다. 며칠 전 인터넷에서 사서

보내 드린 자서전 노트 때문이 아닐까 싶었다.

아버지는 노인복지관에서 색연필, 물감, 붓펜으로 그림을 그리고 캘리그래피를 배우신다. 늘 무언가를 배우고 만들어 내는 데서 즐거움을 찾으시는 모범생 같은 분이다. 예상대로 자서전 노트도 무척 좋아하셨다. 그 노트에는 100가지 질문이 담겨 있었다. 어린 시절 기억, 삶의 소중한 순간들, 후대에 남기고 싶은 말들 같은 질문들이 정성스럽게 준비되어 있어 쉽게 쓸 수 있을 것 같았다. 노트를 드리며 말했다.

"아버지, 이거 다 쓰시면 꼭 저 주세요."

아버지는 너털웃음을 지으시며 대답하셨다.

"아들에게도, 딸들에게도 다 주고 싶은데 어쩌지?"

아버지는 어떤 삶을 살아오셨을까? 나에게 아버지는 늘 따뜻하고 다정한 분이셨다. 국민학교 시절, 새 학년이 시작되면 아버지는 한 해 동안 모아두셨던 달력으로 책을 한 권씩 정성스럽게 싸 주셨다. 책 모서리가 반듯해지라고 나에게 엉덩이에 깔고 앉으라고 하셨던 기억도 생생하다. 그렇게 한 권씩 완성될 때마다 나는 조금씩 앉은키가 커지는 기분이었다. 공부에는 큰 흥미가 없던 나였지만, 그 시간만큼은 항상 설레었다. 아버지의 손길이 담긴 책을 손에 들고 새로운 학년을 시작하는 기분은 특별했다. 그렇게 꼼꼼하고 현명한 아버지셨다. 하지만 요즘의 아버지는 종종 감정적이고 아이 같아 보이실 때가 있다.

  세월은 누구도 비껴가지 못하는 것 같다. 이제는 내가 울타리가 되어드려야 할 때인데, 여전히 든든한 아버지를 바라는 내 마음을 들킬까 봐 쓴웃음이 난다. 15분이면 가던 길을 이제는 세 배나 더 걸리는 시간이 걸린다는 아버지. 자식이 품에서 떠날 때 부모는 정을 떼려 심술도 부리고 미운 행동도 한다는데, 아버지의 마지막까지도 아름답게 기억하고 싶다. 내 욕심일지 모르지만, 아버지께는 그런 날들이 어울릴 것 같다. '아버지, 사랑합니다.' 이 한마디가 오늘따라 더 절실하게 마음에 남는다. 내가 아버지의 어깨를 기대던 날들이 떠오르며, 이제는 내가 어깨를 내드려야겠다고 다짐한다. 아버지와 함께할 모든 날이 소중하다.

샨티 샨티 (살아 있는 모든 것에게 평화를)

✎ "나 오늘 진짜 너무 힘들었어. 절대 요가 안 갈 거야. 나 쉴 거야."

피곤함에 젖어 나에게 변명을 늘어놓았다. 남편이 차려주는 저녁을 먹고 나서, 소파에 몸을 기댄 채 눈을 감았다. 이대로 잠들어도 좋겠다는 생각이 들었다. 30분쯤 지났을까. 시계를 보니 8시 40분이었다. 벌떡 일어나 자동으로 요가복으로 갈아입고, 운동화를 신었다. 몸이 기억하고 있었다. '내 몸, 참 기특하다.' 하고 웃음이 났다.

　요가를 시작한 지 벌써 5년째다. 초보 딱지는 뗐지만, 아직 고수라 하기엔 부족한 실력이다. 나는 유연성도 근력도 부족하지만, 꾸준히 이어가는 게 나의 장점이다. 그리고 그 꾸준함 덕분에 요가는 내 삶에 뿌리내렸다. 요가원에서 수업이 시작되면 선생님의 동작 설명을 따라가면서도 실수투성이였던 초보 시절이 떠오른다. 특히 왼쪽과 오른쪽을 헷갈리며 우왕좌왕하던 날들. 하지만 50분간의 수련 후 마무리로 사바사나(송장 자세)를 할 때면 그런 모든 어려움이 잊혔다. 그때의 고요함과 평화로움은 말로 다 표현할 수 없을 만큼 특별했다.

　내게 요가는 단순한 운동이 아니다. 몸과 마음을 함께 들여다보는 시간이다. 동작에 맞춰 숨을 들이쉬고 내쉬며, 내 숨소리에 귀를 기울인다. 동작이 자연스럽게 이어질 때면 나도 모르게 몸의 장단점과 마주하게 된다. 힘들게 동작을 맞추려 노력하다 보면 잡념이 사라지고 오롯이 집중하게 된다. 요가를 통해 내 몸은 물론 마음도 유연해지고 있다. 나는 은근히 고집이 센 편인데, 요가는 나를 조금씩 부드럽고 명랑한 사람으로 만들어 주는 것 같다.

우리 인생이 항상 즐거울 수만은 없지만, 요가는 작고 소소한 기쁨을 찾게 해준다. 심각해질 필요가 없다는 걸, 때로는 털어내고 웃어야 한다는 걸 배우게 한다.

가끔 상상해 본다. 70살이 되었을 때, 여전히 머리 서기와 활 자세를 완벽히 해내는 할머니로 살아가는 내 모습. 체력이 있어야 내가 원하는 것들을 마음껏 할 수 있을 테니까. 꾸준히 요가를 하며 삶을 건강하게 살아내고 싶다. 요가원의 사람들과는 이름 정도만 알고 눈인사로 소통하지만, 그마저도 편안하다. 서로의 몸매가 레깅스와 나시 티에 드러나는 환경에서도 우리는 서로를 판단하지 않는다. 그저 같은 공간에서 땀 흘리며 요가를 한다는 것만으로도 충분히 연결된 듯하다. 오늘도 수련을 마치고 요가원 문을 나선다. 피곤함과 걱정들을 그곳에 두고, 몸과 마음의 가벼움을 안고 집으로 돌아간다. 오늘 밤도 꿀잠이 기다리고 있다. 내일도 다시 만나자. 나마스떼(당신의 신께 경배드립니다.).

곰곰이 님의 글들은 일상적이고 소박한 이야기 속에서 성장의 의미를 탐구하는 따뜻한 글들이다. 글로 전달되는 메시지는 자기 자신과 일상의 작은 상황에서 얻는 행복, 그리고 천천히 꾸준히 나아가는 삶의 방식에 대한 깊은 통찰을 담고 있다.

성장 스토리 작성

주제 or 질문:

이미지 그리기

글쓰기

* 곰곰이 님의 성장 스토리 글을 읽고 나서 기억나는 주제나 질문을 한 가지 기록한 후, 이미지를 그리고 글을 적어 보세요.

애짜일의 성장 스토리

애짜일

✎ 저는 대도시에서 교육행정 분야 공직 생활을 하며, '평범함' 속에서도 끊임없이 성장의 기회를 찾고자 노력하는 직장인입니다. 수십 년간 한 분야에서만 일해오다 보니 어느 순간 우물 안 개구리가 되어가는 듯한 제 모습이 싫어, 다양한 자기계발 연수와 모임에 참여하기 시작했습니다. 그러한 활동을 통해 액션 러닝이라는 소중한 학습 방식을 알게 되었고, 그 인연으로 에바 선생님도 만나 더욱 가치 있는 연결고리를 쌓아가고 있습니다. 저는 지금도 뜻이 맞는 좋은 분들과 함께 성장 파트너로 동행하며, 더 많은 사람이 함께 모이고 활발하게 소통할 기회를 만들고자 노력하고 있습니다. 앞으로도 꾸준히 배움과 나눔을 실천하며, 서로에게 긍정적인 영향을 주는 성장의 길을 함께 걷고 싶습니다.

잔디

✎ 2011년 1월 초에 검은색 강아지가 우리 집에 찾아왔다. 아이들이 강아지를 키우고 싶어 했지만 여의찮아서 보내었다. 그러던 어느 날 남편은 술김에 강아지를 데려왔다. 물론 아이들은 귀엽다며 대찬성했고, 나는 관리의 어려움을 이유로 결사반대 했음에도 불구하고 결국 우리 가족이 되었다. 그렇게 새로운 가족이 된 강아지의 이름은 '잔디'이다.

시골 태생인 나는 강아지를 밖에서 키우는 동물로 생각했고,

원하지 않던 강아지라 집 안 거실 구석에 자리를 마련했다. 나의 무관심 때문인지 감기에 걸려 고생하기도 했다. 지금 생각해보면 갓 엄마 품에서 떨어진 강아지를 내가 구박했다 싶어 미안하다. 그런 강아지가 이제 우리 집의 구성원으로 살아온 지 14년이 되어 간다. 3년 전까지만 해도 안방 침대에는 얼씬도 못 하게 해서 보통 아이들 방이나 거실에서 잤는데, 이사를 온 후부터는 안방이 마치 잔디의 방처럼 되었고, 지금은 본인이 안방 주인이 되었다.

작년에는 한두 달 사이에 뒷다리 고관절 탈골로 인한 수술에 이어 이물질을 먹는 바람에 또 한 번 수술을 받아야 했던 날도 있었다. 그때는 생사가 걱정될 정도였으며, 문과생 1.5학기 등록금에 해당하는 비용을 지급하기도 했다. 그 이후로 잔디는 급격히 노쇠해졌다. 늘 깊은 잠에 빠져 있고, 인기척이 들려도 벌떡 일어나 나오지 않을 때가 있다. 이물질 사건 이후로는 잔디의 사료와 부드러운 튜브형 간식 이외의 음식은 최대한 주지 않으려 하고 있다. 그런데도 가끔 새벽녘에 토하는 일이 잦아졌고, 며칠 전에는 무슨 이유에서인지 소리를 지르며 울어 걱정되었다. 혹시 다리에 쥐가 난 것은 아닐까 싶다.

뒷다리 탈골 이후 수술 부위를 보호하기 위해 내복을 입혔는

데, 그 모습이 얼마나 사랑스럽고 귀여웠는지. 갈수록 정은 쌓여가지만, 점점 노쇠해지고, 소화력도 떨어지고, 행동도 느려져서 걱정도 함께 늘어간다. 늙어가면서 잔디는 자기만의 루틴으로 움직인다. 저녁 10시가 넘으면 거실에 있는 나를 보며 짖어댄다. 잠자리에 들 시간이니 안방으로 들어가자는 신호이다. 안방 침대에서도 꼭 내 곁에 살짝 몸을 대고 잔다. 하지만 꽉 껴안아 주는 것은 싫어한다. 새벽 5시가 넘으면 어김없이 거실로 나가 아빠를 깨운다. 함께 나가자고. 아침을 먹고 본인 침대에서 느긋하게 자다가 7시가 넘으면 아들 방으로, 그리고 아들이 출근하고 나면 딸 방으로 간다.

낮에는 안방 침대에서 새근새근 잠을 잔다. 어린아이가 잠자듯이 말이다. 또 푹신한 이불을 좋아해 가끔 이불 속으로 파고들어 곤히 잠들기도 한다. 자다가 인기척이 나면 귀를 쫑긋 세우며 일어나기도 하고, 방금 깨어나 부은 얼굴로 부스스 나를 가만히 쳐다보기도 한다. 아침에 일어나면 자기 침대에 누워있는 잔디의 엉덩이를 토닥여 준다. 잔디도 내가 자기를 예뻐하는 것을 잘 아는 것 같다.

새벽 일찍 남편과 둘이 나란히 거실로 나간다. 둘이서 대화를 나눈다. 안방 문을 열며 "잔디, 나가자.", "잔디, 밥 먹자.", "아빠가 간식 줄게."라고 말하거나, 퇴근 후에는 '세상에서 하나밖에 없는 예쁜 잔디'라며 다정하게 부른다. 소파에서도 남편 옆에 엎드려 잔다. 둘이 뽀뽀하기도 한다. 하지만 술에 취해 온 남편에게는 절대로 가지 않는다. 잔디가 제일 만만하게 여기는 사람은 아들이다. 아들을 자기보다 낮은 서열로 여기며 침대를 장난감투성이로 만들고 동고동락하더니, 이제 늙어가면서 둘의 교감도 줄어들고 안방에 머무는 시간이 길어졌다.

잔디를 가장 활기차게 하는 사람은 딸이다. "잔디, 잘 있었어? 우리 애기."라며 다정히 말을 걸고 눈곱 정리, 귀 청소, 앞머리 다듬기 등 미용과 관리는 딸이 전담하고 있다. 곤히 잠자는 잔디의 모습은 얼마나 예쁜지 모른다. 가끔 배를 내밀며 쓰다듬어 달라고도 한다. 시간이 갈수록 우리가 출근해 없는 집에서 홀로 생을 마감하지 않을까 걱정이 커져만 간다. 부디 우리 곁에서 건강하게 오래오래 있어 주기를 기도한다. 처음 잔디가 우리 집에 왔을 때 내가 많이 구박했지만, 지난 10년 넘는 세월 동안 잔디는 우리 아이들이 정서적으로 건강하게 성장하도록 큰 도움을 주었고, 이제는 남편의 친구이자 나에게는 자식과도 같은 존재가 되어버렸다. 소식을 하면서도 건강하게 우리와 더 오래 함께하길 바랄 뿐이다.

아버지와 화투

✎ 우리 아버지의 올해 나이는 91세이다. 작년에 어머니가 돌아가신 후 아버지 돌봄에 대한 걱정이 많았지만, 지금까지는 잘 모시고 있다. 아버지는 동생과 함께 살고 계시기에 어머니가 계실 때의 환경 변화를 최소화하며 주 6일은 데이케어센터를 다니시고, 일요일에는 막냇동생을 제외한 5남매가 순번을 정해 아버지와 데이트를 한다. 때로는 어머니 집에서, 때로는 자식들의

집에서, 가끔은 목욕탕에서 시간을 보내며 일주일에 하루 정도 변화를 주고 있다.

아버지께서 아직 걸으실 수 있고, 식사도 잘하시며, 기억도 유지하고 계신다는 점은 정말 다행이다. 손이 덜 가는 얌전한 어르신이시다. 어머니가 돌아가신 사실을 뒤늦게 인지하고 상심하셨던 시기도 있었지만, 지금은 모든 것을 받아들이신 듯하다. 아버지 앞에서는 어머니 이야기가 금기어로 여겨져 우리는 의도적으로 어머니 얘기를 하지 않는다. 아버지 본인도 어머니가 계셨을 때와는 다르게 자식들의 눈치를 보신다. 사달라고 요구하시는 것도 없다. 다만 즐겨 드시는 믹스커피와 은단 정도는 동생이 꾸준히 챙기고 있다.

우리 아버지의 장수 비결은 '소식(小食)'이다. 절대로 무리해서 많이 드시는 법이 없고, 본인 정량만큼만 드신 후 그 이상은 거절하신다. 유일하게 거절하지 않으셨던 것은 술이지만, 젊은 날 과도한 음주로 가족들이 고통받았던 기억이 있어 지금은 드리고 싶어도 드릴 수가 없다. 요즘은 심한 중이염으로 귀가 잘 들리지 않아 청력 유지를 위해서라도 술은 드리지 않는다.

자식들과 손주들 얼굴을 보면 반가워하시지만, 이름은 많이 잊으신 듯하다. 그러나 과거 먹었던 음식의 맛이나 젊은 날 수없이 지냈던 제사상 차림은 기억하신다. 기억이 차츰 아련해져도 또렷하게 기억하는 한 가지가 있으니, 바로 화투짝 맞추기이다. 나는 화투를 잘 모르지만, 우리 아버지는 화투짝을 정말 잘 맞추신다. 짝이 없어진 것을 금방 알아차리신다. 집에서 쉬는 날에는 늘 같은 자세로 몇 시간이고 지치지 않으시며 화투짝 맞추기를 하신다. 이제는 살이 빠져 뼈만 남은 듯한 아버지의 엉덩이가 아플까 걱정될 정도다. 화투를 치며 흥얼거리기도 하시는 아버지를 보며 가끔 고민한다.

우리 아버지는 지금 무슨 생각으로 살아가고 계실까? 화투를 좋아서 치시는 걸까, 아니면 하루하루가 무료해서 치기 시작한 것이 일과로 굳어진 걸까. 안쓰러움과 측은함이 함께 밀려온다. 짝을 잃은 기러기처럼 안쓰럽고, 귀가 잘 안 들리셔서 안쓰럽고, 살과 근육이 없는 손발을 보면 세월의 흔적이 느껴진다. 그래도 감사한 점은 아직 스스로 걸으실 수 있고, 대소변을 가리시며 식사를 혼자 하실 수 있다는 것이다. 막내딸 덕분에 그래도 건강히 지내고 계시니 고맙기만 하다. 육 남매는 어머니가 안 계신 빈자리를 메우려 더욱 애지중지 아버지를 모신다. 어머니가 하늘에서 보신다면 흐뭇해하시지 않을까 싶다. 어머니의 유언처럼 "느그 아부

지 오래 못 사신다. 잘해드려라." 하셨던 말씀을 지키고 있는 것 같지만, 우리는 정말 잘하고 있는지 스스로 묻게 된다.

수박

    갱년기가 찾아오면서 몸에서 열이 나는 일이 잦아지고 있다. 그래서인지 유난히 시원한 과일을 자꾸만 찾게 되는 여름이다. 매년 여름이면 서너 통 정도 먹던 수박을 올해는 2주에 한 번꼴로 한 통씩 사는 것 같다.

  수박은 썰어야 하는 불편함도 있고, 한 통이 너무 많아서 보관하기도 어렵다. 게다가 수박을 썰고 나면 껍질이 많이 나와 처치

하기가 번거롭기도 하다. 그런데도 켜켜이 잘라 통에 가득 담아 냉장고에 보관해 두었다가 갈증이 나거나 과일을 먹고 싶을 때 시원하게 먹으면 그 기분이 얼마나 좋은지 모른다.

회사에서 사람에 치이고 일에 치여 지친 몸을 이끌고 집에 와, 뜨거운 물로 샤워한 뒤 시원한 에어컨 바람을 쐬며 차가운 수박 한 입을 베어 물면 하루의 피로가 모두 날아가는 기분이다. 수박은 습하고 무더운 하루의 스트레스를 풀어주는 나의 여름 힐링 푸드가 되었다. 오늘은 금요일이다. 행복한 주말을 위해 주말용 수박을 주문해야겠다.

노란색 과일에는 어떤 것들이 있을까

✎ 노란색 과일에는 어떤 것들이 있을까? 문득 오늘 이런 생각이 들었다. 요즘 시장에 참외가 등장한다. 과거에는 여름철에만 먹던 과일이지만, 요즘은 하우스 재배와 저장 기술 덕분에 이른 봄부터 맛볼 수 있게 되었다. 오늘 미니 상주 참외를 깎다가 문득 노란색 과일에는 무엇이 있을지 생각해 보았다. 떠오르는 과일은 참외, 바나나, 그리고 망고였다.

참외는 어릴 적부터 친숙한 과일이다. 어릴 적 이모네 집에서 참외를 재배했기에, 뜨거운 여름날 참외밭에서 참외를 따 먹던 기억이 아직도 선명하다. 노지에서 따 먹던 참외는 지금 냉장 보관된 시원한 참외와는 다른 맛이었다. 따뜻한 햇볕 아래서 풍겨 나던 참외 향과 달콤한 맛은 잊을 수 없는 추억으로 남아있다. 우리 엄마도 참외를 참 좋아하셨다. 과일이 귀하던 시절, 참외를 어렵게 구해 먹었던 그 정서와 향수가 지금까지도 나를 참외에 끌리게 하는 것 같다.

바나나는 참외보다도 더 귀했던 과일이었다. 1988년 상경했을 때, 겨울철 육교를 건너다 노점에서 팔리던 바나나를 보고 신기했던 기억이 있다. 바나나는 당시 5천 원에서 1만 원에 팔릴 정도로 매우 비싼 과일이었다. 갓 상경한 나는 그 비싼 바나나를 결국 사 먹지 못했다. 책에서만 보던 바나나를 눈앞에서 보고도 맛보지 못했던 아쉬움이 아직도 남아있다. 그러나 지금은 수입이 원활해지며 바나나는 국내산 과일보다도 저렴하게 구입할 수 있는 흔한 과일이 되었다. 과일을 쉽게 구할 수 있는 오늘날이 얼마나 풍요로운지 새삼 느끼게 된다.

최근에 자주 등장하는 망고는 우리 딸이 좋아하는 과일이다.

인터넷 쇼핑몰에서 망고를 반짝 세일하길래 반신반의하며 한 박스를 주문해 보았다. 배송되어 온 망고의 품질이 생각보다 훌륭했다. 언니와 나눠 먹고, 아버지께도 가져다 드렸는데, 아버지께서 너무 맛있게 드시는 모습이 기억에 남는다. 단맛이 입맛에 맞으셨던 모양이다. 또 한 번, 베트남이 고향인 친척을 통해 베트남 말린 망고를 먹어본 적이 있다. 건조된 망고는 당도가 높아 입안에서 계속 생각나는 맛이었다. 이 성공적인 망고 주문 경험 덕분에, 나는 다시 한 박스를 주문했다. 이번에도 품질 좋은 마하차녹 망고가 오기를 기대하고 있다.

나는 달콤한 과일을 참 좋아한다. 참외도, 바나나도, 망고도 내 입맛에 딱 맞는다. 문득 노란색이 지식과 지적 능력을 상징한다는 이야기를 떠올렸다. 내가 노란색 과일을 좋아하는 이유가 혹시 평소에 지적 갈증을 느끼고 풍요로운 지식을 갈망하기 때문은 아닐까 생각해 본다. 올해 들어 참외와 망고를 즐겨 먹으면서 이런저런 생각들이 꼬리를 물고 이어졌다. 달콤한 노란 과일처럼, 내 삶도 풍요롭고 달콤한 여름날처럼 이어지기를 기대해 본다.

누룽지

✎ 나는 누룽지를 참 좋아한다. 팔팔 끓여 먹는 구수한 숭늉도 좋고, 고소한 누룽지는 먹기 간편해 밥이 부족하거나 급히 요기가 필요할 때 자주 찾는다. 안산에서 구매하는 '이가네 수제 누룽지'는 비싸지만 얼마나 맛있는지 모른다.

이 누룽지를 보면 두 가지 생각이 교차한다. 하나는 우리 엄마가 투병 중이실 때의 기억이다. 약은 먹어야 하지만 입맛은 없으

셔서 힘들어하던 시기에 끝까지 드셨던 곡기가 바로 이가네 수제 누룽지였다. 많이 불지도 않고 적당히 불린 자박한 국물에 짭짤한 멸치볶음이나 젓갈과 함께 드셨던 기억이 생생하다. 얼마나 입맛이 없으셨으면 이 구수한 맛도 잘 느끼지 못하셨을까. 그 생각만 하면 마음이 너무 아프다. 엄마는 누룽지마저 까다로우셨다. 우리가 섣불리 끓이면 퇴짜를 놓으셨고, 작은언니가 끓여준 누룽지만이 합격을 받았다. 그래서 지금도 누룽지를 보면 엄마 생각이 나서 울컥할 때가 많다.

나는 요즘 누룽지를 씹으며 업무 스트레스를 푸는 편이다. 오징어, 북어포처럼 질긴 음식을 먹다가 최근엔 누룽지를 주로 먹는다. 물론 과도한 탄수화물 섭취인 걸 알지만, 누룽지를 오도독 씹으면 마음이 편안해진다. 저녁에 이렇게 먹는 게 좋지 않다는 걸 알지만, 하루를 마무리하며 마음을 달래기 위해 먹는다. 우리 부부는 오도독 누룽지를 씹으며 야식을 즐긴다. 때론 과식을 피하려고 누룽지를 숨겨 두기도 한다. 어젯밤에는 누룽지가 떨어져 아쉬웠다. 건강을 위해 당분간 누룽지 섭취를 자제하기로 했지만, 여전히 누룽지는 나의 힐링 음식이다.

Q. 일상에서 나를 행복하게 해주는 또 다른 작은 힐링거리는 어떤 것들이 있을까?

사람들이 카페에서 공부하는
이유는 무엇일까?

✎ 사람들이 카페에서 공부하는 이유는 무엇일까? 나도 지금 카페에 나와 있다. 처리해야 할 업무를 들고, 그리고 일요일이라 한 뼘 성장일기를 작성하기 위해서다. 쉬는 날 특별한 약속이 없는 날에도 굳이 카페에 나와 커피나 차를 마시며 돈을 쓰는 것은 때때로 사치처럼 느껴지기도 한다. 그럼에도 오늘도 나는 카

페에 나와 있다. 그렇다면 내가 카페로 나오는 이유는 무엇일까?

 첫 번째 이유는 휴일에 시간을 좀 더 알차게 보내고 싶기 때문이다. 집에 있으면 이것저것 맛있는 것들을 챙겨 먹고, 포만감이 들면 편안한 자세로 낮잠을 자게 된다. 여기까지는 행복하다. 그런데 일어나서 하루를 돌아보면 아까운 시간을 허비했다는 생각이 든다. 쉬는 날을 조금이라도 더 의미 있게 활용하고 싶어 나는 카페를 찾는다.

 두 번째 이유는 우리 집 가까이에 도서관이 없어서 조용히 집중할 수 있는 공간을 찾기 때문이다. 카페는 냉난방도 잘되어 있고, 집중도 잘된다. 5~6천 원 투자하고 시간을 잘 활용하면 가성비가 좋다. 업무에 대해 조금 더 깊이 고민하고 생각할 수 있는 차분한 시간을 보낼 수 있어 좋고, 정서적으로도 일주일 중 유일하게 누릴 수 있는 휴식의 시간을 제공해 주기에 만족스럽다.

 마지막으로는 딸과 대화할 시간을 가지기 위해서다. 평일에는 서로 바빠서 한 끼 식사도 함께하기 어려운데, 주말에는 공통의 시간을 만들어 카페를 찾는다. 딸은 자기 공부에 매진하고, 나는 나의 할 일에 전념하는 공간이기도 하다. 집에서 카페로 걸어오는 길과 차를 마시며 나누는 대화는 딸의 정신 건강 상태를 살피고,

그녀가 요즘 어떻게 지내는지 알아보는 기회가 된다. 또 당부하고 싶은 말을 차분한 분위기 속에서 전하면 그녀도 더 잘 받아들이고 이해하게 된다. 이런 점에서 카페는 소통의 공간이기도 하다.

때로는 옆 테이블이 시끄럽기도 하고, 때로는 우리가 톤을 높여 대화하기도 한다. 하지만 사회 문화의 변화로 불과 몇 년 전만 해도 독서실이나 도서관에서 하던 역할을 이제는 카페가 대신하고 있다. 여기저기서 노트북으로 작업하는 사람들이 보인다. 학생인지, 직장인인지 모르겠지만 모두 각자의 일에 열중하고 있다. 부모와 함께 와서 책을 읽는 아이들도 보인다. 소음 섞인 음악에도 아랑곳하지 않고 각자 자기 할 일을 한다. 나 또한 세 시간째 앉아 일하고, 그림도 그리며, 생각도 정리하면서 나름 잘 놀고 있다. 딸은 아르바이트하러 먼저 떠났다. 오늘은 평소 자주 가던 스타벅스 자리가 없어 할리스커피에 와 있다. 아이스 바닐라 라떼를 마시며 장미가 만발한 5월의 어느 휴일을 보내고 있다.

미용실에서

✎ 나는 미용실에 자주 가지 않는 편이다. 20대 젊은 시절에는 긴 머리를 찰랑거리며 다녔고, 펌을 즐겨 하지 않았다. 30~40대에는 1년에 두세 번 정도 펌을 하는 게 전부였다. 미용에 큰 관심이 없고, 미용실에서 기다리는 시간, 펌을 말고 기다리는 시간 등이 너무 피곤하고 지루했기 때문이다. 그런데 50이 넘어가니 여러 이유로 미용실을 찾는 횟수가 늘어났다. 갈수록 늘

어나는 새치를 가리기 위한 염색을 해야 하고, 모발이 점점 얇아지면서 머리숱이 풍성해 보이도록 볼륨감 있는 펌이 필요해졌다.

이사한 후 새로 알게 된 미용실 사장님과는 나름 마음이 맞아 자주 찾는다. 그 미용실은 사장님 혼자 운영하는 곳인데, 처음 만났을 때는 사장님의 너무 큰 목소리 때문에 시끄럽다고 느꼈다. 사실 처음에는 굉장히 피곤하게 느껴졌다. 하지만 만남이 잦아지면서 점차 적응된 것 같다. 사장님은 손은 빠르게 놀리고 입은 즐겁게 움직이며 항상 밝은 에너지로 신나게 일하신다. 그녀는 마음이 순수하고 따뜻한 사람이다. 다만 목소리 톤이 높고 굵직한 고음이라 가끔 정신이 산만해지고 차분함이 없어 약간 거슬릴 때도 있다.

그런데도 사장님은 머리를 진심으로 사랑하고 미용에 열정을 가진 사람이다. 고객들의 머릿결과 숱, 머리 상태를 정확히 기억하고, 그에 맞는 스타일링을 제공한다. 오늘도 어렵게 시간을 내어 미용실을 찾았다. 미용실에 도착하니 어느 남자 고객과 신나게 수다를 떨고 있는 사장님을 볼 수 있었다. 대화 주제가 보톡스며 이마 필러, 나이가 들어도 얼굴 주름살과 잡티 관리는 필요하다는 이야기, 여성 특정 부위 성형 이야기 등이었다. 남녀 간에 이런 대화가 오간다는 게 조금 의아했지만, 두 사람은 정말 즐겁게 대화를 나누고 있었다.

곰곰이 생각해 보니, 미용실은 다양한 사람들이 오가는 곳이다 보니 여러 정보가 자연스레 집약되는 곳이기도 하다. 미용사는 미용을 사랑하고, 사람을 좋아하며, 다양한 성향의 사람들의 비위를 맞출 수 있는 사람만이 가능한 직업이라는 생각이 든다.

짧은 단상

• • •

✎ 어제 어린 직원과 업무로 이견이 있었다. 이 직원은 중요한 사안을 수시로 가져와 의논하곤 하는데, 내가 모든 것을 완벽히 피드백해 줄 수는 없는 노릇이다. 이 친구가 본인의 업무를 책임감 있게 처리하려는 부분은 이해하지만, 이번에는 너무 앞선 걱정과 우려를 했다. 담당 업무의 특성과 부서 간 갈등을 고려할 때, 이 업무는 명확하게 선을 긋기보다 가만히 물 흐르듯 두는 것이 더 나을 상황이었다. 부서 간 공동으로 처리되는 일이기에 명

확히 하려 할수록 부작용이 발생할 가능성이 크다. 때로는 두루 뭉술하게 처리하는 것이 더 현명한 방법일 때도 있는 것이다.

나는 업무에 치여 극도로 예민한 상태였던지라 딱딱하게 피드백했고, 이 친구도 업무를 해결하려는 마음에 살짝 대립하는 상황이 벌어졌다. 나는 여유가 없어 무심히 넘겼지만, 이 친구는 마음에 미안함이 있었던지 장문의 메시지를 보내왔다. 나 또한 섬세하게 챙겨주지 못한 부분에 양해를 구하며 답장을 보냈다. 별일 아닌데, 내가 조금만 더 여유롭게 대했다면 좋았을 텐데 하는 아쉬움이 남는다. 그런데 이 친구가 참 예쁘게 느껴졌다. 자신의 감정을 솔직히 표현해 줘서 고마웠고, 항의나 반박이 아니라 본인의 부족함과 그 상황에서 느낀 마음을 진심으로 전해주었기 때문이다. 오히려 나를 돌아보게 하는 계기가 되었다.

나도 아직 진정한 어른이 되려면 내공을 더 쌓아야겠다는 생각이 들었다. 결국, 우리는 서로 커가는 과정에 있는 게 아닐까. 그녀는 그녀대로 업무에 적응하며 좌충우돌하고, 나는 나대로 과중한 업무 속에서 좌충우돌한다. 정답은 없다. 그런데도 내가 더 어른이니 넓은 그릇으로 감싸 안았어야 했다. 반성하며 나도 배운다. 일터가 나에게 주는 의미 10가지를 정리해 보았다.

일터가 나에게 주는 의미

- ▶ 내 삶을 경제적으로 풍요롭게 해준다.
- ▶ 힘든 일들을 헤쳐 나가는 과정에서 시행착오와 실수를 통해 많은 경험을 쌓게 된다.
- ▶ 매일 아침 눈을 떴을 때 가야 할 곳이 있다는 점이 좋다.
- ▶ 좋은 성과를 내면 짜릿하고 더욱 힘이 난다.
- ▶ 일함으로써 정신과 몸이 건강해진다.
- ▶ 함께하는 동료들이 있어 행복하다.
- ▶ 50이 넘어가니 자리에서 오는 권위로 인해 언행을 더욱 조심하게 된다.
- ▶ 일하는 시간이 재미있다.
- ▶ 일터가 나의 사회적 지위와 안전망 역할을 해주는 든든한 울타리다.
- ▶ 우리 아들, 딸에게 자랑스러운 엄마의 모습을 보여줄 수 있는 곳이다.

26주 적금 사랑

✎ 4~5년 전, 젊은 직원들로부터 카카오뱅크의 26주 적금에 대한 정보를 알게 되었다. 개설도 쉽고, 주당 1,000원, 2,000원, 10,000원 등 원하는 금액을 정한 후 매주 그 금액을 증액하며 26주 동안 적금하는 방식이다. 예를 들어, 매주 1,000원 단위로 증액하는 경우, 26주 후 적금 만기 시 351,000원을 모을 수 있다. 매주 3,000원씩 증액하면 1,053,000원, 5,000원씩 증액하면 1,755,000원, 그리고 매주 10,000원씩 증액하면 3,510,000원

이 된다. 처음에는 소액으로 시작하지만, 주차가 진행될수록 누적 금액이 커져 부담될 수도 있다. 그래서 나는 보통 5,000원 이내의 소소한 금액으로 적금을 개설하고 목적을 정한다.

나는 26주 적금을 자주 활용한다. 예측할 수 있는 지출을 대비해 미리 적금해 두면 목돈이 들어갈 때 경제적으로 효율적으로 사용할 수 있는 장점이 있다. 예를 들어, 가족 문화생활을 위해 매주 1,000원씩, 아들의 눈 수술비를 위해 매주 3,000원씩, 조카 손주의 돌잔치 비용을 위해 매주 1,000원씩, 조카 결혼 축의금을 위해 매주 3,000원씩, 딸 유학 생활비를 위해 매주 3,000원씩, 딸 등록금을 위해 매주 5,000원씩 적금을 들었다. 이렇게 여러 용도의 지출을 미리 대비해 목적 있는 적금을 들다 보니 큰 목돈이 필요한 상황에서도 부담이 덜하다. 현재는 적금으로 모은 돈이 계획한 용도로 다 사용되다 보니 조금 아쉽기는 하지만, 26주 동안 돈을 모으는 과정 자체가 재미있고 보람이 있다.

카카오뱅크의 26주 적금은 개설도 간편하고 해지도 간편해서 좋다. 큰 금액이 아니어도 꾸준히 적금하는 습관을 기를 수 있고, 26주 만기까지 성공하면 우대금리도 제공된다. 지금은 대부분 지출을 목적으로 적금을 활용하고 있지만, 언젠가는 차곡차곡 쌓아두는 저축의 시기가 올 것이라 믿는다. 적은 금액이라도 만기가 되면 기분이 좋아지고 성취감이 생긴다. 나는 26주 적금을 '문어발식'으로 확장하며 말년에 '돈맛'을 보겠다는 야무진 꿈도 꾼다. 요즘 젊은 세대들이 적은 월급을 알뜰하게 사용하는 방법으로 26주 적금을 활용하는 모습을 보며 나도 많이 배운다. 이렇게 모으는 적금은 마치 우리의 성장 일지처럼 1년의 절반을 돌아보며 나만의 경제 점검을 하는 기회가 되기도 한다.

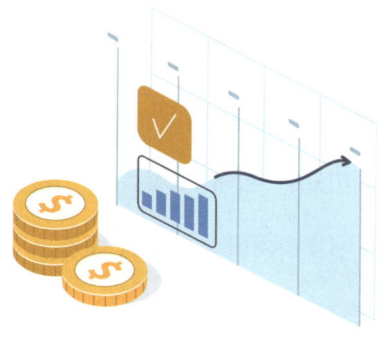

지갑은 열고 입은 닫아라

✎ 직장에서 나이가 들어갈수록, 직책이 올라갈수록 감정적으로나 심리적으로 외로움을 느낀다. 대화할 사람도 점점 줄어든다. 동년배의 팀장이나 과장급 정도가 친구 같은 존재들이다. 점심시간에 함께 모여 세대별로 통일된 메뉴를 고르는 것에서부터 미묘한 세대 차이를 느낀다. 젊은 친구들은 파스타 같은 양식을 선호하지만, 우리 50대들은 대부분 한식, 밥을 선호한다.

팀장은 팀 업무를 총괄하면서도 국장, 과장의 눈치를 보고, 팀원들의 실무적인 의견을 전달해야 한다. 또 팀원들에게는 국장, 과장의 상황을 반영해 설득하고 달래며 방향을 제시해야 한다. 회식에서도 1차까지만 참석하고 2차는 의도적으로 빠지려 한다. 그들이 불편하지 않도록, 또 그들끼리 단합할 수 있도록 자리를 비워주는 것이다. 팀워크는 팀원들이 발휘해야 하는 부분이고, 나는 그들이 잘 움직일 수 있도록 돕는 역할이라 생각한다. 게다가 나는 음주에 약해 장시간의 회식은 고역이다.

우리 남편에게 배운 것이지만, 나는 팀원들에게 되도록 지갑을 열려고 노력한다. 차 한 잔을 사거나 출장 택시비를 지원하는 등, 물질적으로라도 그들에게 베풀고 싶다. 부서 회식의 2차 비용이 발생하면 팀장들에게 분담을 요청하기도 한다. 이는 부담을 나누는 동시에 팀장의 역할을 함께 상기해 주는 효과가 있다. 이러한 행동은 조직 내 관계를 유지하기 위한 나만의 생존 전략일지도 모르겠다. 팀원들에게는 많이 베풀려고 한다. 금전적인 손실이 있더라도, 그들이 없다면 내가 팀을 이끌어 갈 수 없다는 사실을 알기 때문이다.

조직은 상생의 관계다. 나는 돈으로 환산할 수 없는 관계의 힘을 믿는다. 서로 믿고 존중하고 신뢰하면, 그들은 그 이상의 결과로 보답해 줄 것이라 믿는다. 다행히 내 팀원들은 열심히 해주고, 나의 부족함을 보완해 주고 있다. 어쩌면 그들 나름의 방식으로 나를 챙겨주고 있는지도 모른다. 내 외로움은 내가 해결한다. 나이가 많다고, 상사라고 지시만 하기보다는 서로 협력하는 관계를 통해 어려운 일들을 헤쳐가고 싶다. 나이가 들수록 필요한 말만 하고, 팀원들의 말을 귀 기울여 듣고 공감해 주며, 경제적인 부분은 팀장이 먼저 지갑을 열어 풍족하게 해주는 것, 이것이 팀장의 유연한 직장생활 적응법이 아닐까 생각한다.

애자일 님의 글은 일상에서 소소한 행복과 성장을 발견하고, 그 경험을 짧고 간결한 글로 풀어내는 능력이 돋보인다. 독자들에게 쉽고 가벼운 읽을거리로서 공감을 주며, 잔잔한 감동과 깨달음을 선사한다.

성장 스토리 작성

주제 or 질문:

이미지 그리기

글쓰기

---

* 애자일 님의 성장 스토리 글을 읽고 나서 기억나는 주제나 질문을 한 가지 기록한 후, 이미지를 그리고 글을 적어 보세요.

자운영의 성장 스토리

자운영

✎ 저는 코칭과 강의로 사람들의 성장과 변화를 지원하는 일을 합니다. 사십 대 이후에 코칭을 접하고 코치가 되었습니다. 나를 만나는 사람들을 위해 스스로 성찰하고 성장하기 위해 노력하고 있습니다. 삶을 살아가는 동안 마음이 맞는 벗을 만난다는 건 참으로 큰 행운인 것 같습니다. 성장 일지를 쓰며 만난 벗들과 함께 조금씩 조금씩 아름답게 나이 들어가고 각자가 자신의 분야에서 전문가로 거듭나고 있습니다. 나의 발자국이 누군가에게는 이정표가 되므로 한 발 한 발 아름답게 걸어가도록 하겠습니다.

고구마

✎ 어릴 적, 고구마는 감자, 옥수수와 함께 내가 가장 좋아하는 간식이었다. 힘들었던 시절, 고구마는 중요한 구황작물로서 우리 집 밥상을 책임졌다. 그래서일까, 우리 가족은 나를 두고 '구황작물을 좋아하는 사람'이라며 웃곤 한다. 고구마가 우리 땅에 들어온 것은 조선 영조 때 조선통신사들이 일본에서 가져와 심으면서부터라고 한다.

가을에 고구마를 수확하면 겨우내 다양하게 즐길 수 있었다. 생으로 먹기도 하고, 구워 먹거나 쪄서 먹기도 했다. 생고구마를 얇게 썰어 말려 죽으로 끓여 먹었던 기억도 새록새록 떠오른다. 특히, 말린 고구마를 넣어 동부 콩과 밀가루로 만든 빼갱죽은 겨울철 별미였다. 지금처럼 먹거리가 풍성하지 않았던 시절, 고구마는 겨우내 우리를 든든하게 지켜준 존재였다.

고구마는 뿌리뿐만 아니라, 줄기도 훌륭한 식자재다. 고구마순을 데쳐 나물로 무치거나 김치로 담그면 그 식감과 풍미가 일품이다. 말린 고구마순은 육개장이나 추어탕에 넣어 감칠맛을 더하기도 한다. 뿌리부터 줄기까지, 버릴 것이 없는 이 작물은 한여름부터 겨울까지 여러 용도로 사용되었다.

고구마는 씨고구마에서 싹이 난 줄기를 잘라 땅에 심는 방식으로 번식한다. 병충해에도 강하고 농약 없이도 잘 자라지만, 의외로 너무 비옥한 땅에서는 뿌리가 잘 자라지 않는다. 척박한 환경에서야 비로소 뿌리에 영양분을 저장하며 튼튼하게 자라는 것이다. 반대로 땅이 기름지면 잎과 줄기만 무성해지고, 정작 뿌리는 부실하다.

올해, 남편이 처음으로 비닐하우스에 고구마를 심었다. 잎과 줄기는 무성하게 자라 고구마순 김치와 나물을 여름 내내 실컷 즐길 수 있었다. 그러나 수확철이 되어 땅을 파보니 정작 뿌리는 거의 자라지 않았다. 잎과 줄기만 무성하게 키운 채 땅속 고구마는 하나도 없이 텅 비어 있었다. 지나치게 풍족한 환경 속에서 고구마는 뿌리를 키우는 대신 잎과 줄기에만 영양분이 간 것이다.

 이 경험은 나에게 큰 깨달음을 주었다. 삶에서도 '과함'은 오히려 결실을 방해할 수 있다는 점이다. 척박한 환경에서 더 단단한 열매를 맺는 고구마처럼 때로는 부족한 환경과 어려움이 오히려 더 큰 성과를 내기도 한다.

Q. 당신의 삶에서 덜어내야 하는 것은 무엇인가요?

스프링벅 현상
• • •

    ✎ 아프리카 남서부 지역에 서식하는 영양 가젤의 한 종류, 스프링벅(SPRINGBOK). 이들이 떼로 죽는 사건이 반복되면서 학자들은 그 원인을 연구하기 시작했다. 스프링벅은 무리를 지어 이동하며, 3m 이상 높이 뛰고 시속 80km로 달릴 수 있는 빠르고 민첩한 동물이다. 평원에서 풀을 뜯다 보면 더 신선한 풀을 먹기 위해 한 마리가 앞으로 달려나간다. 뒤따라가던 다른 스

프링벅들도 새 풀을 찾아 앞서 달리고, 이를 본 또 다른 무리도 계속 앞으로, 앞으로 달리기 시작한다. 결국, 이들이 어느 순간 방향을 잃고 서로를 앞지르기 위해 달려나가다 절벽 아래로 떨어져 떼죽음을 당하는 일이 벌어진다.

대학교 4학년 학생들 대상으로 강의를 하며 이 이야기가 떠올랐다. 졸업을 앞둔 이들은 취업 준비로 바쁜 나날을 보내며 수업에 집중하고 있었다. 수업 주제는 자기소개서와 면접 준비. 아마 이 주제로 수업을 들어본 적도, 관련 경험도 많을 것이다. 그런데 왜 이 강의를 선택했을까? 한 학생의 질문이 그 답을 알려주었다. "자기소개서는 여러 번 써봤지만, 정작 '나'를 제대로 녹여내는 법을 모르겠어요." 이 학생은 이미 다양한 스펙, 인턴십, 자격증, 토익, 교환학생 등의 경험을 쌓았다. 그러나 '본인'에 대해 진지하게 고민해 볼 기회는 없었다. 다른 학생들처럼 경쟁에 뒤처지지 않기 위해 열심히 달려왔지만, 그 과정에서 스스로에 대한 깊은 이해는 부족했다.

강의를 마치고 돌아오는 길에 문득 이런 생각이 들었다. '나는 어디로 가고 있는가? 나의 방향은 맞는가? 지금의 속도는 적절한가?' 때로는 내가 달리고 있는 이유조차 모른 채 스프링벅처럼 남을 따라가고 있는 건 아닌지 불안해질 때가 있다. 다른 사람의 속도에 눈길을 주고, 뒤처질까 걱정하며 나만의 길을 잃고 달릴 때도 있다. 하지만 이럴 때일수록 잠시 멈추는 용기가 필요하다. 내가 가고자 하는 방향과 목표를 점검하고, 나만의 속도를 찾아야 한다. 다른 사람과 비교하지 않고, 내 안의 진짜 이야기에 귀를 기울이는 것이 중요하다.

 스프링벅처럼 방향을 잃고 달리다 절벽으로 떨어지지 않으려면, 우리도 가끔은 멈춰야 한다. 방향을 점검하고, 목표를 재설정하며, 무엇보다 나 자신에게 집중하는 시간을 가져야 한다. 타인이 아닌 나만의 길을 찾는 것이야말로 진정한 성장의 시작이다.

Q. 여러분은 지금 어디로 달려가고 있나요?

재즈 가수처럼

· · ·

✎ "노래의 최고는 재즈입니다."

대구에서 진행된 리더십 교육 첫날, 봉 교수님과의 대화에서 들은 말이다. 재즈는 단순한 노래가 아니다. 정말 노래를 잘하는 사람만이 할 수 있는 장르다. 자유롭게 멜로디를 다루며, 악기가 없어도 사람들에게 깊은 감동을 주는 능력이 재즈 가수의 특징이라며, 봉 교수님은 강의도 재즈와 같다고 말씀하셨다.

이번 교육은 공공기관 리더 40명을 대상으로 이틀간 진행된 리더십 프로그램이었다. 봉 교수님은 메인 강사로, 나는 보조 강사로 참여했다. 강의 중 교수님은 파워포인트 한 장 없이 참여자들이 몰입하고 즐길 수 있는 시간을 만들어 냈다. 마치 재즈 가수가 무대에서 자유롭게 선율을 다루듯, 강의 역시 자연스럽고 유연하게 진행되었다.

강의를 하는 나는 이 모습이 매우 인상적이었다. 강의를 준비할 때는 많은 시간을 들여 자료를 만들고, 반복적으로 수정하고 보완하는데도 실제 강의에선 계획대로 되지 않을 때가 많다. 그러나 능숙한 강사는 재즈 가수처럼 강의실에서 상황과 흐름에 맞춰 자유롭게 내용을 펼치며 시간과 분위기를 조율한다.

프로젝트 진행 미팅에서 봉 교수님의 강의 준비 방식을 알게 되었다. 흔히 강사들이 사용하는 화려한 슬라이드 대신, 교수님은 노트 한 장에 강의 전체를 마인드맵으로 정리해 두셨다. 하루 일정이 한눈에 들어오는 구성, 시간대별 주요 주제와 스팟, 그리고 각각의 주제를 어떤 방식으로 풀어나갈지가 명확히 기록되어 있었다. 그 한 장의 노트는 단순한 요약이 아니었다. 오랜 경험과 고민이 농축된 결과물이었다. 강의의 큰 흐름을 이해하고 그 안에서 시간을 효율적으로 사용하는 방법까지 모두 담겨 있었다. 이 철저한 준비가 있었기에 교수님은 파워포인트 없이도 강의실에서 자유롭게 '재즈처럼' 강의 연주를 할 수 있었던 것이다.

지금까지 나는 파워포인트로 강의 자료를 준비하며, 꼼꼼히 내용을 채워 넣는다. 하지만 이번 경험을 계기로 마인드맵을 활용해 강의 전체를 정리해 보았다. 서툴지만 흥미로웠다. 전체 흐름을 시각적으로 정리하며 강의를 바라보는 시야가 달라지는 느낌이 들었다. 재즈 가수처럼 강의실에서도 자유롭게 흐름을 다룰 수 있는 날이 오기를 꿈꾼다. 많은 준비와 연습을 통해, 나도 강의장 안에서 재즈 가수처럼 사람들에게 감동을 주는 강사가 되고 싶다.

Q. 당신의 분야에서 전문가가 되기 위해 무엇을 하고 있나요?

달라도 너무 달라

✎ "여행 가는데 왜 계획을 세워요? 그냥 가서 즐기면 되는 거 아니에요?"

옆 테이블에서 여행 계획을 세우고 있는 모습을 보며 스트레스를 받는다는 사람들의 이야기를 들으며 웃음이 났다. 여행 계획을 세우지 않는 자신들과는 달리, 핸드폰까지 동원해 예산을 계산하고 일정을 꼼꼼히 짜는 모습조차 스트레스를 준다는 이야기다.

최근 노인복지센터 종사자들을 대상으로 한 성격 행동 유형 강의에서도 비슷한 장면을 목격했다. 참가자들에게 가상의 제주도 여행 계획을 세우는 미션을 부여했다. 모둠별로 한 사람당 50만 원의 예산을 가지고 2박 3일 일정을 설계하도록 했다. 하지만 작업이 시작되자마자 사람들의 행동 방식이 확연히 갈렸다. 어떤 팀은 머리를 맞대고 어디로 가야 할지 열심히 상의했다. 어떤 팀은 항공료와 숙박비를 먼저 계산하며 꼼꼼히 예산부터 점검했다. 반면, 어떤 팀은 작업 시작과 동시에 여유롭게 이야기를 나누며 '여행은 즐기는 거지!'라는 자세로 웃고 있었다.

　평소에도 철저히 계획을 세워야만 마음이 편안한 사람들이 있다. 이들은 장소, 이동 수단, 일정, 식사 메뉴까지 세세하게 준비하며, 할인 혜택이나 특가 상품도 꼼꼼히 챙긴다. 반면, 계획 자체를 부담스러워하는 사람들도 있다. 이들은 자유롭게, 상황에 맞게 움직이는 것을 더 선호한다. 미리 세운 계획보다는 그때그때의 느낌과 상황에 따라 움직이며 즐기는 것이 여행의 진정한 의미라고 생각한다.

　모둠별로 작업한 결과물을 발표하는 시간. 철저히 계획을 세운 팀은 항공료, 숙박비, 일정, 식사 메뉴까지 꼼꼼히 적어온 결과물을 발표했다. 부족했던 것은 단지 할인권 검색뿐이었다. 이어 발

표한 다른 팀은 종이에 단 한 줄만 적혀있었다.

"여행은 즐기러 가는 것, 계획 따윈 세우지 않는다."

모두가 빵 터졌고, 여행에 대한 각자의 생각과 행동 패턴이 이렇게나 다르다는 사실을 다시금 깨달았다.

이처럼 여행 계획 세우는 모습에서 알 수 있듯이, 사람은 서로 다를 수밖에 없다. 성격도 다르고, 일하는 방식, 소통하는 방식도 다르다. 우리가 살아온 환경과 경험이 지금의 나를 만들었기에, 같은 부서에서 일하더라도 서로 다른 사람들과 갈등이나 스트레스가 생기기 마련이다. 이때 중요한 것은 다름을 인정하는 자세다. 나와 다른 방식을 가진 사람을 이해하려고 노력하고, 다르다는 것 자체를 자연스러운 것으로 받아들이면 소통은 훨씬 편해진다. 가족 역시 나와 다른 성격과 사고방식을 가진 존재들이다. 가족과 잘 지내고 싶다면, 먼저 다름을 인정하는 연습을 해보자. 상대방을 바꾸려 하기보다는 다름을 있는 그대로 받아들이고 서로를 이해하려는 마음이 필요하다. 여행처럼, 인생도 다양한 사람들이 함께 만들어 가는 여정이다. 계획을 세우든 세우지 않든, 중요한 것은 그 다름을 인정하고 각자의 방식대로 즐길 수 있는 여유를 갖는 것이다.

Q. 당신은 계획 세우는 스타일인가요,
아니면 자유롭게 움직이는 스타일인가요?

은하철도 999

✎ 큰 눈망울에 긴 머리카락을 휘날리던 메텔, 작은 키에 개구쟁이 같은 얼굴을 가진 철이, 그리고 근무복에 모자와 눈만 보이는 차장. 40여 년이 지난 지금도 이들의 모습은 생생하다. 은하를 누비는 기차와 다양한 행성을 여행하는 이야기는 당시 아이들의 상상력을 자극하기에 충분했다.

기계의 몸을 가지면 영원히 죽지 않을 수 있다는 설정, 한 번도 가보지 못한 우주 미지의 세계를 탐험한다는 발상은 우리를 꿈꾸게 했다. 이런 이유로 『은하철도 999』는 단순한 애니메이션을 넘어 상상력의 아이콘으로 자리 잡았다. 최근 극장에서 『은하철도 999』 극장판이 재개봉되었다. 오래된 작품이지만, 어린 시절의 기억이 떠올라 꼭 보고 싶었다. 상영하는 극장은 전주에 단 한 곳 뿐이었다. 극장에 들어서니 추억을 공유하는 내 또래 관객들이 보였고, 어린 자녀와 함께 온 가족도 눈에 띄었다.

영화는 더빙이 아닌 일본어 자막으로 상영되었다. 조금 어색했지만, 철이와 메텔은 여전히 그 모습 그대로였다. 어린 시절의 호기심 가득한 눈으로 보던 장면들이 다시 펼쳐졌다. 그러나 이번에는 단순한 모험담이 아니라, 그 이면에 담긴 이야기들이 무겁게 다가왔다.

영화 속 세계는 기계의 몸을 가진 부유한 사람들과 그들로부터 멸시받는 가난한 사람들이 공존한다. 돈이 없으면 기계 인간의 사냥감이 되는 잔인한 사회. 어린 시절에는 이런 설정이 그저 흥미롭게 느껴졌지만, 이제는 섬뜩하고 두려운 이야기로 다가왔다. 영화를 보고 나니 김영하 작가의 소설 『작별인사』에 나오는 '철이'라는 인물이 떠올랐다. 철이는 죽은 새를 묻어줄 줄 아는 따뜻한 감정을 가진 아이였다. 자신이 인간이라고 믿으며 살아왔지만, 사실은 과학자인 아버지가 만든 '기계 인간'이었다는 사실을 알게 된다.

'나'는 어디까지 '나'일까?

팔과 다리, 심지어 몸의 모든 부품을 교체해도 나는 나일까? 인간의 본질은 어디에 있을까? 『은하철도 999』는 단순히 모험과 우주 여행 이야기가 아니다. 인간의 본질, 인간성을 묻는 작품이다. 왜 인간은 AI에게 감정을 부여하려 할까? 인간을 인간답게 하는 것은 무엇일까? 영화를 보고 난 후 질문에 질문이 꼬리를 문다. AI와 기계가 발전하며 인간성과 기술의 경계가 모호해지는 시대. 우리는 과연 어떤 답을 찾게 될까?

Q. 인간을 인간답게 하는 것은 무엇일까요?

내가 틀릴 수도 있습니다

> 만나는 사람마다
> 내가 모르는
> 전투를 치르고 있다.
> 친절하라,
> 그 어느 때라도.
>
> — 비욘 나티코 린데블라드 —

    스웨덴에서 태어난 비욘 나티코는 17년간 태국 숲속 사원에서 스님으로 수행한 후 환속했다. 그는 루게릭병 진단을 받고 60세에 세상을 떠났다. 그의 처음이자 마지막 책 『내가 틀릴 수도 있습니다』에서 그는 이렇게 말한다. "17년 동안 수행한 결과를 한마디로 요약하면, 내가 틀릴 수도 있다. 그리고 머릿속에 떠오르는 모든 생각을 믿지 않게 된 것이다."

우리의 머릿속에는 끊임없이 생각이 떠오르고 사라진다. 마치 장마철 하늘에서 구름이 생기고 흩어지는 것처럼. 이런 생각들은 내 의지와는 전혀 상관없이 일어난다. 과거의 기억이 스멀스멀 일어나기도 하고, 일어날 가능성이 전혀 없는 일들을 상상하기도 한다. 생각은 여기서 멈추지 않고 새로운 스토리를 만들어 내고, 스스로 해석하고 판단한다. 마치 그것이 진짜 사실인 것처럼 말이다.

어느 날 퇴근길, 반대편 차로에서 승용차 한 대가 비상등을 깜빡거리고 있었다. 나는 즉시 그 상황을 해석하기 시작했다.

'저 운전자는 정말 예의가 없네. 퇴근길에 이렇게 바쁜 상황에서 왜 저러는 거야? 그렇게 바쁘면 빨리 출발하자 그랬어.'

머릿속에는 온갖 생각이 뒤덮였으며, 나름의 상황을 분석했고, 그 운전자를 비난하기 시작했다. 하지만 그 차량이 내 앞쪽에서 커브를 돌아오더니, 신호등 앞에서 창문을 내리고 소리쳤다.

'잘 가라!' 비상등을 켜고 달리던 차량 앞쪽에 아는 사람이 있었던 것이었다. 운전자는 손을 흔들며 웃고 있었다. 순간 허탈한 웃음이 나왔다. 그 비상등은 위협이 아니라 반가움을 나타내는 표시였다.

비욘 나티코는 말한다. '머릿속에 떠오르는 생각을 모두 믿지 말라.' 생각은 감정을 일으키고, 감정은 다시 생각에 에너지를 제공하며 우리를 생각 속으로 더 깊이 끌어들인다. 퇴근길에 내가 경험한 짧은 순간처럼, 비상등의 깜빡거림이 위협으로 느껴져 화와 분노가 순간적으로 치밀었던 것처럼 말이다. 하지만 우리가 즉각 반응하기 전에 잠시 멈춰 생각을 살펴보는 연습을 한다면, 상황을 다르게 바라볼 수 있다.

'이게 사실인가?'

'단지 내 생각일 뿐인가?'

'나만의 해석이나 판단은 아닌가?'

머릿속에서 떠오르는 생각들은 마치 하늘에 떠다니는 구름과 같다. 그저 흘러가도록 두고, 그 생각에 몰입하지 않는 연습이 필요하다. 우리의 삶은 많은 순간 오해와 착각 속에서 흘러간다. 하지만 내가 틀릴 수도 있다는 여유로운 마음, 생각을 믿지 않는 연습은 삶을 훨씬 평온하게 만들어 준다.

Q. 머릿속에 생각들이 너무 많을 때 어떻게 하나요?

헌책에서 만난 책 동무

. . .

✎ 책을 읽는 것은 흥미롭고 즐거운 일이다. 내가 경험하지 못한 세계를 탐험하고, 다양한 사람들의 생각을 읽으며, 새로운 지식을 배우는 최고의 방법이다. 그런데 오늘은 책을 읽다 작가가 아닌 또 다른 독자의 질문과 성찰에 잠시 멈추게 되었다. 헌책이 주는 특별한 선물이었다. 헌책 속에서 발견한 메모는 생각지도 못한 즐거움이었다. 이해되지 않는 부분에 남긴 질문들과 자

기 생각과 느낌을 드문드문 적어둔 흔적들은 이 책을 먼저 읽었던 사람이 누구인지 궁금하게 만든다. 어떤 사람이었을까? 이 사람은 어떤 해석을 하며 이 책을 이해했을까? 이런 생각들이 꼬리를 문다.

나는 책에 관심이 많은 편이다. 읽고 싶은 책도 많고 사고 싶은 책도 많다. 책을 사는 데 돈이 아깝지는 않지만, 가끔 부담스러울 때도 있다. 그럴 때 도서관에서 책을 빌리거나, 가끔 헌책을 사기도 한다. 헌책은 새 책보다 훨씬 저렴하고, 한 권 가격으로 두세 권을 살 수도 있다. 게다가 헌책에는 종종 작가가 아닌 또 다른 독자의 흔적이 남아있어 색다른 경험을 선사한다. 오늘 읽던 책은 켄 윌버의 『무경계』라는 책이며, 한 부분을 읽다 보니, 누군가 남긴 메모가 눈에 들어왔다. 그 메모를 읽으며 나도 책을 내려놓고 생각에 잠겼다. 내가 이해한 부분을 이 독자는 어떻게 받아들였을까? 그 사람이 남긴 성찰과 질문은 또 다른 대화의 시작이었다.

'아, 이 부분에서 이렇게 생각했구나.'

'이건 나와 비슷한 해석인데?'

'이 부분은 나와 전혀 다르게 느꼈네.'

헌책을 통해 만난 이 익명의 독자와 나는 보이지 않는 대화를 나누고 있었다.

'책을 읽지 않는 사람보다 혼자서만 읽는 사람이 더 위험할 수 있다.'라는 농담 같은 말이 있다. 혼자만의 해석에 갇히기보다, 다른 사람들과 나눈다면 독서는 훨씬 풍성해진다. 자신이 읽고 이해한 내용을 공유하고 대화를 나누다 보면 생각의 폭이 넓어진다. 그렇게 확장된 시야는 세상을 보는 눈과 타인을 이해하는 마음을 키워준다. 헌책은 단지 저렴한 대안이 아니다. 다른 독자의 흔적을 통해 새로운 관점을 만나고, 자신을 돌아보는 기회를 제공한다. 손때 묻은 헌책 속에서 당신만의 새로운 책 동무를 만나보는 건 어떨까?

Q. 당신은 책 속에서 어떤 대화를 나눠본 적이 있나요?

새 학기

✎ 2월 14일, 각 학교의 졸업식이 끝난 뒤, 아직 새 학기가 시작되려면 시간이 남았는데 고등학교 앞은 북적거린다. 아이들이 쏟아져 나오며 상기된 표정으로 재잘거리고 웃음소리를 터뜨린다. 차창 너머로도 그들의 밝은 에너지가 느껴진다. 정문 앞 전광판에는 '신입생 오리엔테이션'이라는 글자가 반짝인다. 이제 막 고등학생이 될 아이들이 자신이 다닐 학교를 처음으로 발 디

디는 날이다.

중학생에서 고등학생으로 넘어가는 기분은 어떤 것일까? 훨씬 커진 학교, 복잡해진 교육 과정, 새로운 친구들까지, 이 모든 것에서 기대와 설렘, 기쁨과 두려움이 뒤섞여 있을 것이다. 아이들의 들뜬 모습을 보며 나도 모르게 나의 첫 고등학교 시절이 떠올라 미소가 지어진다. 나는 시골에서 초등학교와 중학교에 다니다가 시내에 있는 고등학교에 처음 입학했다. 당시 명문 학교로 이름난 곳이어서, 그 학교의 학생이 되었다는 자부심이 움츠렸던 어깨를 펴게 했다. 학교는 세 동의 건물로 이루어져 있었는데, 그중 하나는 일제 강점기에 지어진 목조 건물이었다. 1학년 교실이 바로 그 목조 건물에 있었다. 비가 오는 날이면 천장에서 떨어지는 빗물을 받기 위해 교실 안에 온갖 물받이를 동원해야 했다. 수업 중에 생쥐가 나타나면 소동이 벌어져 수업이 중단되기도 했다. 지금 생각하면 참 불편한 환경이었지만, 당시에는 그런 모든 것이 즐겁고 재미있었다.

목련이 필 때면 꽃그늘에서 친구들과 수다를 떨었고, 점심시간에는 도서관에서 책을 빌려 나무 그늘로 달려가곤 했다. 처음엔 시골 출신이라 친구가 없었지만, 시간이 흐르며 새로운 친구를 사귀고 우정을 쌓아갔다. 좋아하는 교과목 선생님의 수업이 있는 날이면 설렘에 음료수를 교탁에 올려두고 선생님을 기다렸다. 그 과목은 항상 좋은 성적을 유지했다. 야간 자율학습 시간에는 친구들과 선생님 몰래 학교 담 너머로 간식을 사러 가는 긴장감을 즐겼고, 어떤 날은 시내에서 들려오는 시위 소리와 최루탄 냄새에 뒤숭숭했던 기억도 있다.

오늘 고등학교 교문 앞에서 재잘대는 아이들을 보니, 마치 시간여행을 한 듯 여고 시절로 돌아갔다. 지금의 고등학교는 시설도, 공부 환경도, 심지어 공부의 양까지 예전과 많이 달라졌다. 하지만 고등학생이 되고 새로운 환경 속에서 추억을 만들어 가는 과정은 변하지 않았다. 눈부시게 아름다운 날들, 설렘과 도전이 가득한 시기를 보내는 아이들. 그들이 자신만의 방식으로 고등학교 시절을 마음껏 느끼고 즐기며, 빛나는 추억을 만들어 가길 바란다.

Q. 고등학교 시절에 가장 기억에 남는 것이 있다면 무엇인가요?

손톱 정리

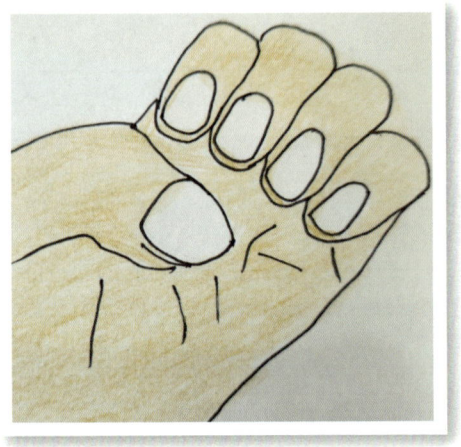

✎ 출근길에 지나치는 이면도로를 보면 네일샵이 참 많다. 삼백 미터 남짓한 거리에는 일곱 개가 넘는 네일샵이 늘어서 있다. 그만큼 손톱을 가꾸고 꾸미는 일에 관심 있는 사람들이 많다는 뜻일 것이다. 여름철에는 특히 네일샵이 더 분주하다. 샌들을 신는 계절이니 발톱 관리까지 더해져 손발톱을 꾸미는 일이 더욱 중요해지기 때문이다.

최근에 아는 지인을 만났는데, 그분이 자랑스럽게 자기 손톱을 보여주었다. 네일샵에서 관리받은 손톱이라며, 반짝반짝 빛나는 손톱을 뽐냈다. 한 달에 한 번 네일샵에 가는 것이 열심히 일한 자신을 위한 보상이라고 했다. 손톱 관리를 받고 나면 기분도 좋아진다고. 자신을 위해 투자할 줄 아는 모습이 참 좋아 보였다. 작은 손톱 위에 아름다움을 만들어 내는 네일리스트들의 섬세한 실력 또한 놀라웠다.

나는 한 번도 손톱을 꾸며본 적이 없다. 솔직히 말하면, 관심 자체가 없었다. 투명 매니큐어조차 일 년에 한두 번 바를까 말까 할 정도다. 내 손톱 관리는 손톱이 길어지면 깔끔하게 잘라주는 게 전부다. 긴 손톱은 여러모로 불편하다. 음식을 만들 때 손톱 밑에 끼기도 하고, 가려울 때 잘못 긁으면 상처가 날 수도 있다. 키보드를 칠 때 튀는 느낌도 신경 쓰인다. 그래서 나는 항상 짧고 단정한 손톱을 유지하려 한다. 손톱을 다듬고 나면 기분이 상쾌해지고 가벼워진다. 미용실에서 머리를 다듬고 난 후 느끼는 개운함과 비슷하다. 손톱을 깔끔하게 정리하고 나면, 무엇이든 새롭게 시작할 수 있을 것 같은 생각이 들기도 한다.

사람마다 자신에게 편안함을 주는 스타일과 습관이 다르다. 누군가는 예쁘게 꾸민 손톱을 보며 기분 좋게 하루를 시작하고, 누군가는 단정한 손톱에서 가벼움과 편안함을 느낀다. 손톱을 정리하며 문득 생각한다. 나에게 거추장스럽지 않고 깔끔하게 정리해야 할 것은 무엇일까? 손톱을 다듬는 작은 행동 속에서도 우리 삶의 방식을 엿볼 수 있다. 내게 맞는 방식을 찾아가는 것이야말로 삶의 진정한 아름다움이 아닐까?

Q. 여러분은 어떤 방식으로 자신을 가꾸고 정리하나요?

일 년을 기다렸다

✎ 아침 출근길, 벚꽃이 만개한 풍경에 저절로 발걸음이 가벼워졌다. 온몸으로 봄을 알리는 벚꽃은 사람들에게 기분 좋은 설렘을 선물한다. 가지 끝이며 몸통에 가득 핀 뽀얀 꽃송이는 누구나 카메라를 꺼내 들게 한다.

매화가 봄의 시작을 알린다면, 벚꽃은 봄의 절정을 즐기게 하는 존재다. 벚꽃이 피면 사람들은 삼삼오오 꽃구경을 나선다. 사진 속에 봄의 추억을 담으려는 사람들로 공원과 거리는 북적거린다. 하지만 벚꽃의 화려함은 길지 않다. 메마른 가지 끝에 먼저 꽃을 피우고, 얼마 지나지 않아 꽃잎을 떨어뜨린다. 그리고 작고 귀여운 버찌를 매달며 잎이 무성해진다. 버찌는 초록에서 빨강, 빨강에서 검정으로 색을 바꾸며 여름이 끝날 때쯤 익는다. 벚나무는 이 열매마저도 미련 없이 바닥에 떨군다.

여름 내내 풍성했던 잎들은 가을이 되면 제일 먼저 단풍으로 물든다. 단풍철이 한창일 때 벚나무는 이미 잎을 다 떨어내고 빈 가지로 겨울을 맞는다. 벚나무는 자신이 해야 할 일을 정확히 아는 나무다. 꽃을 피울 때, 열매를 맺을 때, 잎을 키울 때, 그리고 미련 없이 모든 것을 내려놓을 때를 아는 나무다.

어제 내린 봄비를 흠뻑 맞은 벚꽃을 보며 깨달았다. 벚나무는 사람들이 정해놓은 축제 일정이 아니라, 자기 몸으로 계절을 느끼고 꽃 피울 시기를 스스로 정한다. 날이 추우면 조금 늦게, 날이 따뜻하면 조금 더 빨리 꽃을 피운다. 요즘 만나는 한 아이가 있다. 지금 그 아이는 추운 겨울을 보내는 중이다. 달력은 봄을 가리키고 있지만, 아이의 상황은 여전히 얼음장처럼 차갑다. 창밖으로 내리는 봄비를 보며 문자를 보냈다.

"봄비가 그치고 나면 여기저기서 아름다운 꽃이 피어날 거야. 너도 이 시기를 지나면 누구보다 예쁜 꽃을 피울 거야."

아이에게서 웃는 이모티콘과 함께 "감사합니다."라는 답이 왔다. 벚나무는 잎을 떨어뜨리고 매서운 겨울을 잠잠히 견뎌낸다. 그래야만 눈부신 꽃을 피우고 무성한 잎을 키워낼 수 있다. 마찬가지로 누구에게나 꽃을 피울 시기가 온다. 중요한 것은, 그 시간이 올 때까지 자기의 계절을 받아들이고 준비하는 것이다.

벚꽃이 만발한 봄날, 나는 생각한다. 내가 만나는 사람들도 각자 자기만의 색깔로 아름다운 꽃을 피울 수 있다. 그들이 자신의 꽃을 활짝 피울 수 있도록 어떻게 도울 수 있을까? 지금, 이 순간 나의 계절 속에서 나는 어떤 역할을 해야 하는 걸까? 봄은 누구에게나 온다. 각자의 속도로, 각자의 방식으로….

Q. 당신의 나무는 어떤 꽃을 준비하고 있나요?

자운영 님의 글은 삶의 다양한 순간에서 얻은 깨달음을 따뜻하고 진솔한 문체로 풀어낸다. 글을 읽는 동안 독자들은 작가의 경험 속으로 자연스럽게 스며들며, 그 안에서 스스로의 삶을 돌아보게 된다. 특히 일상에서 쉽게 지나칠 수 있는 사소한 주제들이 깊은 통찰로 이어지는 점이 인상적이다.

성장 스토리 작성

주제 or 질문:

이미지 그리기

글쓰기

---

* 자운영 님의 성장 스토리 글을 읽고 나서 기억나는 주제나 질문을 한 가지 기록한 후, 이미지를 그리고 글을 적어 보세요.

봄날앤의 성장 스토리

봄날앤

✎ 평일엔 직장인으로서, 주말엔 시민정원사로서 정원 관리 활동 및 숲 체험으로 봉사 활동하면서 낭독과 걷기에 매일 임하고 있는 50대 중반입니다. 점점 한 곳으로 향하고 있는 관심 대상인 자연 치유력을 활용해 스스로가 원하고 있는 건강한 노년을 위하여 가야 할 길이 무엇인지 고민합니다. 자연 속에서 산책하면서 자연을 닮고자 이리저리 나무들을 기웃거리기도 하고요.

나이 들수록 꾸준히 배워야 한다는 신념으로 스스로 한 뼘 성장을 위해 오늘도 감사함과 자신감을 키우며 한 걸음 한 걸음 천천히 걸어가고 있는 뚜벅이랍니다.

나에게 글쓰기란?

✎ 가볍지 않은 숙제라서 미루고 미루다 이제야 써 보기로 했다. 어렵게 생각하면 한없이 어려운 일이겠지만, 마음을 가볍게 다독이면 조금은 쉬워질 것이라 믿어 본다. '그런데 감히 내가 글을 쓰다니….' 이런 생각이 들면서도, 시작해 보기로 했다.

2개월이라는 시간은 정말 금방 지나가 버렸다. 그러다 군산 모임에 참석하면서 속칭 '독수리 5자매'의 위로와 응원을 받았다.

이들과 나누었던 동지애 같은 공감 속에서, '나도 할 수 있겠다.' 라는 긍정적인 힘이 생겼다. 마음의 근육을 키워, 나 자신을 바로 세우기 위해, 감사일기와 주별 성장 일지를 꾸준히 작성해 보기로 한다. 비록 용두사미가 되고 작심삼일로 끝난다 해도, 지금의 굳은 다짐과 마음가짐으로 나를 다독여 가며 시작해 본다.

나이 듦에 자존감이 낮아지는 갱년기라는 시기를 체험하는 중이다. 이제는 열정과 에너지도 예전 같지 않고, 공감 능력조차 예전만큼 되지 않는 것 같다. 오랜 익숙함 속에서 편안히 안주하려는 마음을 털어버려야겠다는 다짐을 한다. 올 하반기부터는 글쓰기를 통해 나 자신을 들여다보며, 조금 더 나은 나로 회복할 수 있는 나만의 방법을 찾아가고자 한다. 결과보다는 그 과정이 더 소중하다고들 한다. 그래서 매일 책을 읽고 일기를 쓰다 보면, 실타래처럼 엉킨 내 머릿속을 조금씩 풀어갈 수 있지 않을까? 그렇게 내 감정을 정리하고 정돈하다 보면 생각의 주머니가 조금씩 채워질 것이라 기대해 본다.

나이를 먹을수록 가장 중요한 것은 '나를 아끼고 사랑하는 나와의 관계'가 아닌가 싶다. 스스로를 바라보는 관점에 따라 행복지수는 크게 달라진다. 나와의 관계 역시 연습이 필요하다. 평범한 일상의 소중함을 발견하고 '소확행(소소하지만 확실한 행복)'을 즐기며, 내게 주어진 것들에 감사하는 마음을 키워야겠다. 이런 마음가짐으로 나 자신과 만나는 즐거운 글쓰기를 간절히 기대해 본다.

새벽 낭독

✏️ 주 1회 열리던 '도서관 낭독 모임'을 통해 낭독의 즐거움을 알게 되었다. 그러나 그 모임이 해체되면서 아쉬운 마음이 컸다. 다행히 아침형인 지인과 마음이 맞아, 카톡 그룹콜을 활용해 날마다 새벽 5시에 비대면 낭독을 시작한 지 어느새 1년이 되었다.

우리 둘 다 직장인이어서 따로 시간을 내어 책 읽기를 실천하기란 쉽지 않았다. 그래서 좋은 습관을 만들어 보자는 다짐으로 새벽 5시부터 6시까지 1시간 동안 낭독을 시작하게 되었다. 가족들이 모두 잠든 시간에 오롯이 나 홀로 책을 낭독하는 일은 하루의 시작이자, '내 마음 챙김'의 공간이 되었다. 이 시간 덕분에 1년 동안 꾸준히 이어올 수 있었던 것 같다. 무엇보다 지인과 서로 의지하며 함께한 점에 무한히 감사한 마음이 크다.

 한 달에 2~3권씩 낭독하며 만나는 책들은 매번 새롭고 흥미롭다. 낭독하면서 내가 말하는 목소리를 들어보면, 처음보다는 발음과 호흡이 한결 편안해진 것을 느낀다. 녹음된 목소리를 들으며 점차 자신감 있는 목소리를 찾아가고 있다. 객관적으로 나만의 목소리를 알아차릴 수 있었고, 상대방의 낭독을 경청하는 자세도 점차 길러졌다. 부족했던 문장의 이해력도 조금씩 나아지고 있다. 특히 고전을 읽는 시간은 내게 새로운 생각과 영감을 안겨준다. 조용한 새벽에 책을 낭독하는 이 시간은 일상에서 좋은 에너지를 제공하며 내게 활력을 준다. 비록 쉽지 않은 일이지만, 한 권의 책을 읽고 반드시 몇 줄이라도 글쓰기로 이어지는 꾸준한 습관을 만들어 가고 싶다. 이 시간이 앞으로도 내 삶의 한 부분으로 자리 잡기를 기대해본다.

자투리 산책(워런치)

✎ 나의 하루 중 점심시간 자투리 산책이 마음 챙김의 루틴이 되고 있다. 이를 '워런치(Walunch)'라고 하는데, '워런치'는 '워킹(Walking)'과 '점심(Lunch)'을 합친 말로, 점심 식사 후 가벼운 산책을 하는 직장인 문화에서 나온 단어라고 한다. 고맙게도 직장 주변이 북한산 둘레길 코스라 숲속을 거닐 수 있어 참 좋다. 이것 또한 나만의 '소확행(소소하지만 확실한 행복)' 중 하나이다. 특히 점

심 후 약 30분 동안 맨발로 걷는 시간을 자주 즐긴다.

걷기는 특별한 장비나 기술이 필요하지 않은 운동이다. 운동이라며 부담스럽게 생각하지 않아도 일상생활 속에서 자연스럽게 실천할 수 있다. 걷기는 가성비가 뛰어난 운동이며, 고혈압, 관절염, 요통, 당뇨 등 다양한 질환을 예방할 수 있다고 한다. 걷는 행위 자체가 내겐 자연이 준 선물이자 기쁨이다. 비가 내리는 날에는 비옷을 입고 장화를 신고 숲길로 나선다. 숲속의 상쾌한 향기를 맡으며 걷는 '우중 산책'은 나의 가장 큰 즐거움 중 하나다.

나도 나이가 들었는지 이제는 느리게, 천천히 걷는다. 숲속 길을 걷는 이 시간이 내게는 평온을 안겨주는 쉼의 시간이자 삶의 리듬을 회복하는 소중한 순간이다. 숲속 산책은 내게 잘 맞는 활동인 것 같다. 자연 속에서 걷다 보면 긍정적인 마음을 찾게 되고, 직장에서의 피로와 상실감으로 축 처졌던 나 자신이 선한 에너지로 다시 살아나는 느낌을 받는다. 덕분에 자존감도 유지할 수 있게 되었다. 또한, 일상에서 받는 부정적인 감정들도 숲속을 걸으며 가볍게 내려놓는다. 점심시간 40분의 자투리 산책은 나만의 작은 리추얼이 되었고, 하루를 살아가는 데 있어 참으로 고마운 시간이 되었다.

단어 부자

✎ 이번 주부터 '30일 글쓰기 챌린지'에 참여하기로 했다. 매일 일기 쓰듯 하루 5줄 글쓰기를 하는 것이 조건이다. 참여자들의 글감은 참신했다. 모두 작가처럼 장문의 글을 써 내려 가며 날것 그대로의 감동을 전했다. 그들의 문장과 어휘력은 놀라웠고, 역시 글쓰기도 재능과 능력이라는 것을 실감했다.

1주일이 지나고 나서야, 글쓰기는 남과 비교하지 않고 나만의 글을 써야 한다는 것을 깨달았다. 그래서 매일 글쓰기 습관을 기르는 데 초점을 맞추기로 했다. 그러다 보니 나의 어휘력과 문장 이해력이 매우 부족하다는 것을 다시 한 번 체감한다. 내게는 글쓰기 훈련이 필요했다. 그렇다면 기본적인 글쓰기 자세는 무엇일까?

첫째, 내가 어떤 생각을 하고 있는지 관심을 가지기
둘째, 생각들을 모조리 적어 보는 습관 기르기
셋째, 주제를 뒷받침할 이야기를 생각하고 선정하기
넷째, 매일 일기 쓰듯 편안하게 한 편의 글쓰기

우선은 뭐든 무작정 써보기로 했다. 뒤죽박죽 엉망진창이라도 상관없다. 쓰는 습관 자체를 만드는 것이 중요하다고 한다.

서울대 노민애 교수의 습관 중 하나는 한 권의 책을 완독하면 마음에 드는 문장을 필사하고, 그에 대해 느낀 점을 기록하는 것이라고 한다. 그렇게 쌓인 기록이 결국 나만의 성향과 생각의 흐름을 스스로 알아가게 해준다는데, 이는 단어의 부자가 되는 방법의 하나라고도 했다.

나 역시 무심코 자주 사용하는 단어를 앱에서 검색해 보고, 필사하거나 메모장에 저장하는 습관을 들이고 있다. 하지만 글쓰기 1주일 차가 되어보니, 내가 단어 하나하나를 올바르게 인지하고 사용하고 있는지조차 확신이 들지 않는다. 그런데도, '단어의 부자'라는 고지를 향해 천천히 나아가 보려고 다짐한다.

남편은 내가 일상에서 자주 사용하는 단어인 '굳이'가 부정적인 느낌을 준다고 지적했다. 앞으로는 의도적으로 긍정적인 단어와 예쁜 단어를 사용하려고 노력해야겠다. 비록 돌아서면 잊어버리는 나이가 되었지만, 하나씩 하나씩 쌓아 올린다는 마음으로 '단어의 부자'를 꿈꿔본다. 오늘도 그 여정을 계속한다.

금요일
· · ·

✎ 월화수목금토일….

직장인에게 금요일은 일주일 중 가장 무거우면서도 가장 가벼워지는 날이다. 다음날이 자유로운 주말 휴일이기 때문이다. 주 48시간 근무였던 시절에서 주 40시간으로 바뀌었을 때, 처음엔 2일 동안의 주말이 선물처럼 느껴졌다. 주말에 무얼 하든 그것만으로도 삶이 풍요로워지는 기쁨이었다. 그런데 시간이 흐르다 보니, 이젠 자연스레 '주 4일 근무제'가 도입되길 바라는 마음이 생긴다. 이미 여러 나라에서 4일제나 4.5일제 근무를 시행하는 추세이기도 하고, 점점 더 개인의 삶과 여가 생활이 중요해지고 있으니 말이다.

나는 금요일이 되면 몸에서 먼저 신호가 온다. '지쳤으니 좀 쉬자.'라고. 35년 직장생활을 하면서, 나도 예전 같지 않은 체력을 실감한다. 머리 회전도 점점 둔해지는 것 같고, 가능한 한 무리하지 않는 근무 시간으로 70세가 넘어서도 일할 수 있으면 참 좋겠다는 바라는 마음이 간절하다. 누구는 한 달 살기 제주도 같은 생활을 누린다고 하지만, 나는 직장 분위기상 한평생 연차를 100% 소진해 본 적이 없어 가끔 기운이 빠진다. 그래도 직장이 있어 정년이 지나도 계속 일할 수 있기를, 그 여건이 마련되길 바라는 마음은 여전하다.

오늘도 금요일이다. 쉼과 설렘이 가득한 주말이 두 팔을 벌려 나를 기다린다. 한 주 동안 고생한 내 몸과 마음을 토닥이며, 이번 주말에는 제대로 재충전해 보고 싶다. 곧 다가올 편안한 휴식이 또 다른 한 주를 살아갈 힘을 선물해 주리라 믿는다.

간 병

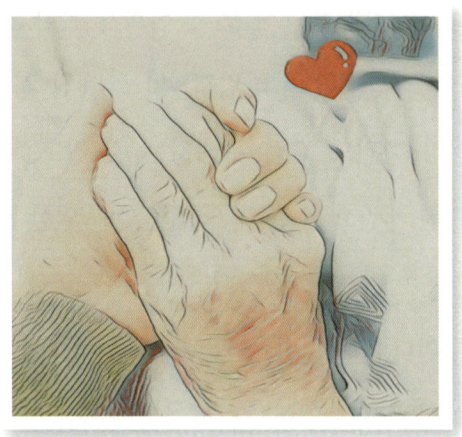

    요양병원에 계시던 엄마가 만성신부전증과 협심증이 점점 악화되어 결국 대학병원에 입원하게 되었다. 마침 여름휴가가 겹쳐 '시원한 병동에서 엄마와 지내자.'라는 생각으로 함께했는데, 갑자기 '이번이 어쩌면 마지막일지도 모른다.'라는 불안감이 스쳤다. 그래도 엄마와 함께할 시간이 있어 감사한 마음이었다. 매일 찾아오는 호흡곤란의 위험 고비에 보호자인 나도 마음이 불안했고, 엄마 역시 힘겨워했다. 연차를 써서 간병하기로 했지만, 막상 직접 해 보니 간병은 결코 쉬운 일이 아니었다.

엄마가 입원한 곳은 6인실 병동으로, 환자들은 대부분 협심증을 앓는 고령자들이었다. 전문 간병인이 붙는 때도 있었지만, 엄마는 여러 질환이 겹쳐 상태가 가장 심각했기에 호흡곤란이 올 때마다 곁에서 지켜보는 것조차 힘겨웠다. 보호자로서 굳건한 마음가짐과 체력 안배가 얼마나 중요한지 다시금 깨달았다. 게다가 입원 후 이틀 동안은 각종 검사와 촬영으로 정신없었고, 겨우 4일째가 되어서야 엄마도 나도 조금씩 안정을 찾았다. 그제야 평범한 일상의 소중함이 새삼스럽게 다가왔다.

바쁜 직장생활 중에도 환자들을 헌신적으로 돌봐주는 간호사들과 간병인들이 얼마나 고맙고 존경스럽던지, 그분들의 노고에 감탄하게 되었다. 그러면서 자연스럽게 다가올 내 노후도 떠올랐다. 건강관리의 중요성이 절실하게 느껴지고, '천천히, 느린 속도로 늙어가면 좋겠다.'라는 마음이 간절하다.

두 번째 산

✎ 오늘 새벽, 낭독으로 또 한 권의 책, 『두 번째 산』을 완독했다. 인생 후반부를 맞이하는 내게 이 책은 경이로운 울림을 안겨준 유용한 책이었다. 한 권의 좋은 책을 다 읽고 난 뒤 찾아오는 그 미묘한 여운은, 비록 크진 않아도 통찰의 불씨를 피워주곤 한다.

책에서 말하는 '첫 번째 산'은 개인적인 이상을 향해 달려가 세

속적인 성공을 이루는 과정이다. 반면 '두 번째 산'은 공동체 안에서 관계를 통해 서로 나누고 베풀며, 결국 '어떻게 잘 살아갈 것인가?'를 고민하는 단계다. 저자는 고통이 주는 가르침에 귀를 기울여야 비로소 성공이 아닌 '성장', 물질적 행복이 아닌 '정신적 기쁨'을 얻을 수 있다고 말한다. 고뇌의 계곡을 지나 사막의 정화를 거쳐 통찰의 산봉우리에 이르는 과정은, 어쩌면 성인(聖人)의 길과도 맞닿아 있는 셈이다.

현대 사회는 개인주의를 넘어 초개인주의로 흐르고 있어, 서로를 보듬는 공동체적 관계가 점점 희미해지고 있다. 그런데도 이 책은 '함께 어울려 살아가는 것'에 대한 작은 울림을 전한다. 자연 속에서 얻는 경이로움으로 마음의 위로를 받고, 혼자 걸어가며 스스로를 들여다보는 내가 이 책에서 관계 회복과 나만의 해답을 다시금 고민하게 된 것도 그 때문이다. 물론 모든 이에게 똑같은 길이 열려 있는 것은 아니다. 다만 삶을 고민하는 이들에게 '두 번째 산'으로 가는 길이 있다는 사실만으로도, 분명 도전해 볼 가치가 있다는 생각이 든다.

서툰 정원사의 봄맞이

나는 반려 식물을 사랑하는, 조금은 서툰 정원사이다. 전문적인 정원사의 길은 꿈꾸지 않는다. 그 깊이와 스트레스에서 자유롭고 싶기 때문이다. 계절마다 새롭게 마주하는 식물들의 모습을 보고 만지며 향기를 맡는 시간이 내게는 '숨 고르기'와도 같다. 겨울의 추위가 끝나고 새싹과 새소리가 들려오기 시작하는, 그 움트는 봄 풍경이 가장 기대되고 설레는 순간이다.

나이가 들수록 자연을 바라보는 눈이 깊어지는 걸 느낀다. 생명력을 지닌 모든 존재가 귀하고 기특하게만 보인다. 차디찬 겨울을 땅속에서 이겨내고, 어린 연둣빛 새싹으로 땅 위를 움트는 모습을 보면 더욱 그렇다. 이처럼 자연에 감사할 일들이 많아 그저 순응하고 배우게 된다.

봄을 알리는 식물들(튤립, 수선화, 히아신스, 작약), 그리고 마른 가지에서도 꽃을 피워내는 영춘화, 개나리, 산수유, 매화, 벚꽃, 목련, 진달래 등의 꽃봉오리를 마주하면 절로 미소가 지어진다. 그럴 땐 잠시 걸음을 멈추고, 일상의 의식처럼 숨을 고른다. 그래서 나에게 3월은 특별하다. 자연이 주는 대단한 선물에 감사하며 보이지 않는 활력을 몸으로 느끼는 달이기 때문이다.

3월은 생명력으로 가득한 식물 세상이다. 그중 가장 먼저 꽃을 피우는 영춘화는 6잎의 둥근 꽃잎에 노란색이 감도는, 봄을 맞이하는 대표적인 꽃이다. 꽃말도 희망, 기대, 깊은 정, 달성 등으로 전해지며, 옛날에는 어사화로도 쓰였다는 이야기가 있다.

이처럼 이른 봄에 희망과 설렘을 안겨주는 영춘화와 함께, 매년 3월 탄생화인 프리지아 두 단을 곁에 두며 나는 나만의 봄맞이 연례행사를 즐긴다. 풍성하게 피어난 영춘화와 향긋한 프리지아 꽃향기가 만들어 주는 작은 호사 속에서, 손끝에 느껴지는 흙 촉감을 좋아하는 서툰 정원사는 이렇게 봄을 맞이한다.

봄날앤 님의 글에서 느껴지는 것은 삶에 대한 따뜻한 시선과 꾸준히 자신을 가꾸고자 하는 의지이다. 자연, 일상, 책, 그리고 글쓰기로 얻는 소소한 행복과 성찰이 글 전반에 녹아 있다. 글마다 담긴 섬세한 감정과 진솔함은 독자에게 깊은 공감을 불러일으킨다. 나이를 먹을수록 가장 중요한 것은 '나를 아끼고 사랑하는 나와의 관계'라고 보며, 삶의 본질을 꿰뚫는 통찰이 있다. 글 전반에서 꾸준히 강조되는 자아 성찰과 자기 돌봄의 메시지도 함축하고 있다. 자신과의 관계를 돌아보게 하는 보편적 공감이 있다. 또한, 글쓰기로 자신을 이해하고, 자연 속에서 마음을 다독이며, 책과 낭독으로 지혜를 쌓는 여정을 볼 수 있다.

성장 스토리 작성

주제 or 질문:

이미지 그리기

글쓰기

---

* 봄날앤 님의 성장 스토리 글을 읽고 나서 기억나는 주제나 질문을 한 가지 기록한 후, 이미지를 그리고 글을 적어 보세요.

제2부
한 뼘 성장 플래너

김미옥의
한 뼘 성장 플래너

Dr. Evakim

성장 일지 쓸 때도
명분이 필요하다

    ✎ 명분이란 우리가 왜 그 일을 해야 하는지를 명확하게 해주는 기준이다. 이는 어떤 행동을 할 때 그 행동에 부여하는 이유나 근거를 뜻한다. 명분은 오래전부터 사회를 움직이는 중요한 요소로 여겨져 왔다. 공동체 의식을 강화하기도 하고, 때로는 전쟁을 일으킬 만큼 강력한 영향을 미치기도 한다. 역사 속에서도 명분은 중요한 역할을 했다. 유비가 제갈공명의 마음을 얻기 위해 삼고초려를 했던 이유도, 사마천이 거세라는 극심한 고통을 이겨내며 사기를 기록해 후대에 남긴 이유도 모두 명분이 있었기 때문이다.

    명분은 과거뿐만 아니라 현대에서도 여전히 중요하다. 크든 작든 명분 없이 행동하는 사람은 드물다. 우리는 일상생활에서도 명분을 찾는다. 약속을 잡을 때도 단순히 심심해서가 아니라, 그 사람을 만나 꼭 해야 할 이야기가 있다거나 안부를 확인하려는 명분을 가진다. 기업의 워크숍도 마찬가지이다. 조직의 목표 달성이라는 명분 아래, 구성원의 역량 강화, 미래 전략 수립, 품질 관리, 윤리 경영 등 다양한 콘텐츠가 운영된다.

성장을 원하는 사람들도 명분을 찾는다. 이들은 더 나은 삶을 살기 위해 자신을 돌아보고 해야 할 일의 목록을 정리하며, 이를 실행한다. 자수성가한 사람들은 이러한 명분의 중요성을 잘 이해하고 실천했던 대표적인 사례이다. 예를 들어, 아마존닷컴의 창업자 제프 베조스, 청쿵그룹 설립자 리자청, 오라클 창업자 래리 앨리슨, 『돈의 속성』 저자 김승호 회장 등은 모두 자신만의 명분을 가지고 행동하며 성과를 만들어 낸 인물들이다.

한 뼘 성장 플래너는 매주 조금씩이라도 성장하자는 명분을 가지고 성장 스토리를 기록하고 있다. 매주 한 번씩, 1년이면 52개의 성장 스토리가 쌓인다. 2년이면 104개, 3년이면 156개, 10년이면 520개가 된다. 이렇게 쌓인 이야기들은 세상에 단 하나인 나만의 고유한 기록으로 남는다. 어쩌면 몇백 년 후, 이렇게 쓰인 책이 역사 속 한 페이지를 장식할지도 모를 일이다. 그러니 성장을 원하는 사람이라면 한 뼘 성장 플래너로 자신만의 명분을 만들어 보는 건 어떨까? 이 플래너는 작은 목표와 실천을 통해 나만의 이야기를 쌓아갈 수 있는 프레임을 제공한다. 단순히 기록을 넘어서, 나만의 성장과 성취를 증명할 수 있는 도구가 될 것이다.

좋은 습관을 만들기 위해서는 틀이 필요하다

✎ 성장 일지는 VIP 모델을 활용해 작성한다. VIP 모델은 시각화(Visualization), 통찰 질문(Insight Question), 습관적 글쓰기(Practice Writing)로 구성되어 있다.

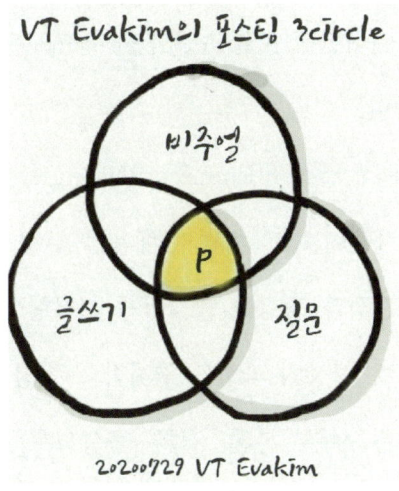

첫째, V는 시각화(Visualization)를 말한다. 이는 하루 동안의 중요한 경험이나 목표를 시각적으로 표현하는 것이다. 그림, 도식, 혹은 간단한 이미지로 그날의 경험을 시각화함으로써 목표와 경험을 더 구체적이고 강렬하게 인식하도록 만들 수 있다. 이러한 비주얼 표현은 우리 내면에 더욱 깊이 각인되며, 목표를 지속해서 상기시키는 효과를 준다.

둘째, 인사이트 질문(Insight Question)은 그날의 경험으로 얻은 통찰이나 배움을 성찰하는 질문을 던진다. 예를 들어, '오늘 어떤 도전을 했으며, 무엇을 배웠는가? 이 경험을 통해 내가 개선할 수 있는 점은 무엇인가?'와 같은 질문으로 그날의 경험을 깊이 있게 탐구한다. 이러한 질문들은 자신을 돌아보고 배움을 정리하는 데 도움을 준다.

셋째, P는 습관적 글쓰기(Practice Writing)를 말한다. 이는 통찰을 바탕으로 자신이 느낀 감정과 배움을 글로 표현한다. 이 글쓰기는 자신의 감정과 경험을 솔직하게 기록함으로써 내면의 생각을 명확히 하고, 성장의 과정을 구체적으로 인식할 수 있다. 성장 글쓰기 형식은 '서론, 본론, 결론' 구성으로 또는 '의견 제시, 이유 말하기, 사례 말하기, 의견 강조하고 제언하기'로 구성한다.

위 VIP 모델을 활용하기 위해 생각을 그림으로 표현하는 작가 'VT Evakim'이라 이름 붙이고 포스팅을 시작했다. 오백 개의 포스팅을 마친 시점에서, 두 가지 중요한 성찰을 하게 되었다.

하나는 감사의 마음이다. 포스팅을 관심 있게 읽어주신 분들, 댓글로 공감과 피드백을 주신 분들, 글을 읽으며 추억을 떠올리신 분들, 오타를 잡아주시거나 포스팅 아이디어를 제안해주신 분들, 심지어 포스트 전문 마케팅 회사의 제안을 주신 분들께 감사한 마음이다.

다른 하나는 나 자신의 성장이다. 핵심 주제를 찾아 질문을 만들고, 질문의 답을 선으로 표현하는 시각화, 글을 쓰는 과정에서, 매일 조금씩 성장하고 있음을 느꼈다. 대표적인 사례가 생각의 도구들을 활용하는 방법을 터득한 것이다.

생각 도구에는 관찰이 있는데 사물을 자세히 보고 느끼는 법을 익히도록 돕는다. 사물을 선으로 표현하는 형상화, 본질을 찾는 과정에서 추상적으로 표현을 배울 수 있다. 유추와 패턴 인식은 사물 간의 연관성을 찾고, 사물을 이해하는 법을 배울 수 있다. 감정이입은 대상에 감정을 투영하여 스토리를 만드는 법을 배울 수 있었다. 이 모든 과정은 글쓰기를 더욱 재미있게 만들어 주었다. 여러분도 VIP 모형으로 성장 일지를 기록해 보면 알게 된다

평서문을 질문으로 바꾸는
기술이 진짜 기술이다

✏️ 평서문은 일상적인 어떤 내용을 설명하는 문장이다. 평서문을 질문으로 바꾸는 것은 사고를 자극하고 참여자의 깊은 생각을 유도하는 좋은 방법이다. 평서문을 질문으로 전환함으로써 단순한 정보 전달에서 벗어나 스스로 탐구하고 답을 찾아가는 과정으로 이끌 수 있다.

평서문과 질문의 차이는 생각의 차원을 달리한다. 평서문은 명확하게 정보를 전달하지만, 질문은 독자나 참여자가 스스로 생각하게 한다. 이는 다양한 가능성과 새로운 아이디어로 이어질 수 있다. 예를 들면, '기쁨은 모두와 나눔으로써 배가 된다.'란 평서문 문장보다는 '기쁨이 배가 되려면 어떻게 하면 좋은가?'라는 질문은 뇌를 활성화하여 좋은 답을 찾기 위해 노력한다.

좋은 질문은 타인의 사고를 긍정적으로 촉진할 수 있어야 한다. 좋은 질문을 만들기 위해서는 평서문을 질문으로 전환하는 습관을 들이면 도움이 된다.

평서문	나의 기쁨은 공유될 때 의미가 있다.
질문	나의 기쁨을 공유하면 어떤 의미가 생길까?

평서문	기쁨을 나누면 팀의 유대감이 강해진다.
질문	기쁨을 나누었을 때 팀의 유대감은 어떻게 강해질까?

평서문을 질문으로 바꾸면 나타나는 효과는 개인의 내면적인 탐색을 바탕으로 더 깊은 인사이트를 얻을 수 있다. 이는 단순한 정보 공유에서 벗어나, 모두가 함께 성장하고 발전하는 활동으로 발전시킬 수 있다. 성장 일지 작성 시 매일 하나의 핵심 주제를 정하고 이를 질문으로 바꾸는 이유이다.

성장 일지는 어떻게 작성할까?

✎ 성장 일지는 '일별, 주별, 월별, 분기별, 반기별' 등으로 구성하였으며, 작성 시 참고하도록 아래에 예시를 들어 제시하였다.

일별 일지는 1부에 제시한 성장 파트너님들의 글 구성을 보았을 것이다. VIP 모델로 글이 작성되었다. 주별 성장 일지는 주 단위로 자기를 돌아볼 수 있다. '한 줄 메모 또는 질문' 난에는 월요일부터 일요일까지 있었던 일 중에 꼭 기록으로 남기고 싶은 핵심 주제를 기록하거나 이를 질문으로 바꾸어 기록한다. 이를 또 이미지로 형상화하고, 글로 써 보는 것이다. 이렇게 하는 이유는 일상에서 핵심 주제를 발견하는 능력과 질문의 역량을 키우고, 문해력을 향상하기 위함이다. 월별 성찰 일지는 주별 내용을 점검하고 성찰하는 내용을 기록한다. 주별 내용 중에 핵심을 다시 한 번 재정리한다. 한 달 동안 성찰한 후에 긍정 주문 문장을 작성하고 글쓰기를 한다. 분기별은 삼 개월의 내용을 점검하고 성찰한 후 글쓰기를 한다. 반기별은 상반기와 하반기 내용을 성찰하고 점검한다. 성장 글을 기록한다. 성장 일지는 이렇게 단계별로 기록할 수 있다.

일별 성장 스토리 작성

주제 or 질문: 작은 습관(나는 어떤 작은 습관을 지니고 있는가?)

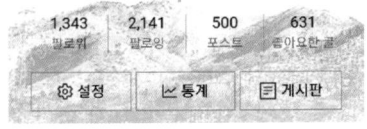

　"Small is Dutiful!" 이 말은 액션 러닝 창시자인 레그 레반스가 자주 사용했던 표현이라고 해요. 문장은 심플하지만 묵직하게 다가오지 않나요? 저는 이 말을 조금 변형해 '스몰빅(Small Big)'이라고 부르고 있어요. 작은 것에서 나오는 큰 힘이라는 뜻으로요.
　저는 작은 것의 힘을 믿습니다. 하루하루 쌓아온 작은 실천들이 결국 큰 변화를 만들어 낸다는 사실을 제 경험이 증명해 주었거든요. 처음엔 글을 한 편 쓰는 것도 어려웠지만, VIP 모델을 적용하면서 단순한 습관이 체계적인 성장으로 이어지는 과정을 직접 느낄 수 있었습니다.
　VIP 모델은 제가 만든 간단하지만 강력한 도구입니다. 핵심 주제나 질문을 설정한 다음, 관련된 그림을 그리고, 그 주제에 대해 글을 작성하는 세 가지 단계를 포함하고 있죠. 이 모델은 단순히 만들어 낸 도구가 아니라, 작은 발견과 꾸준한 실험의 결과물입니다. 핵심 주제를 찾는 과정에서 저에게 깊은 질문을 던졌고, 그 답을 시각화하고 글로 풀어내는 동안 제 생각은 점점 더 명료해졌습니다. 마치 작은 씨앗이 흙 속에서 싹을 틔우듯, 작은 습관이 제 삶에 확실한 변화를 가져다주었죠.
　글쓰기는 저에게 단순한 기록 이상의 의미가 있습니다. 매일 핵심 주제를 떠올리고, 그것을 시각화하고, 글로 풀어내는 과정에서 저는 단순한 생각을 구체적인 행동으로 바꿀 수 있었습니다. 그래서 저는 작은 것의 힘을 믿습니다. 제가 실천하고 있는 VIP 모델을 바탕으로 한 성장 일지 글쓰기야말로 레그 레반스가 말한 '작은 것의 확실함'을 증명해 줄 것입니다. 그날이 올 때까지, 저는 이 작은 습관을 꾸준히 키워나갈 계획입니다.

* 오늘 몰입한 일, 의미 있는 일, 가치 있는 일, 감사한 일, 특별한 일 등이 무엇이었는지 표현하여 보세요.

주별 성장 스토리 작성

2024년 01월 01일 ~ 2024년 1월 7일(1주/51주)

구 분	한 줄 메모 또는 핵심 질문	비주얼 씽킹
월	새해 첫날 고민한 것은?	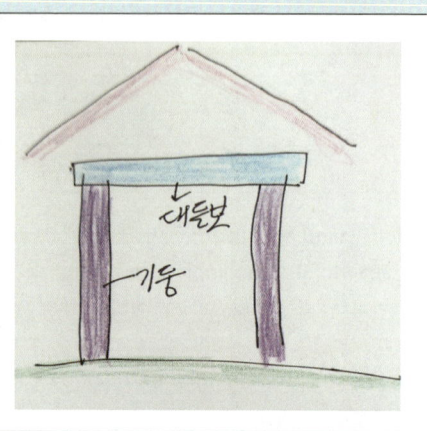
화	자식은 부모에게 어떤 존재인가?	
수	주민자치위원회의 활동 가치는?	
목	우리의 문화 예절 지키기	
금	기둥을 쳐야 보가 운다.	
토	알퍼 양성 시 염두에 둘 것은?	
일	새해 첫 일요일 말씀 묵상은?	

스토리 글쓰기
한 주 동안 쓴 한 줄 메모 또는 핵심 질문 중 하나를 선택하여 글로 써 보세요.

  올해는 은유쟁이로 살기로 결심했다. 뭐 특별 행동을 하거나, 특별한 말을 해서 은유쟁이로 사는 것은 아니다. 관점을 달리하는 연습을 지속해서 해보려 한 것이다. 이는 건조한 내 생각과 마음을 다스려 보기 위한 방법이다.

  4개월째 동네 목욕탕 문턱이 닳도록 넘나들고 있다. 매일 목욕탕을 찾는 사람들을 관찰하는 재미도 쏠쏠하다. 항상 만나서 하는 말이 비슷한 듯하지만, 그 말속에는 삶의 철학이 있다. 듣고 있다 보면 미소가 지어진다.

  G 언니가 시어머니와 조카 이야길 꺼냈다. 시아버지가 세상을 떠난 뒤 시어머니가 우울증이 심해져 손주들이 할머니를 피하는 일이 일어났는데, 이것이 심해져 야단을 치려고 하니 동서네 아이들을 혼내는 일이 걸렸다고 한다. 자기의 애들은 자기가 야단치면 그만인데 조카들은 앙금이 남을 수 있다는 것이다. 이야길 듣고 있던 K 언니가 "기둥을 쳐야 보가 운다."라는 속담이 있다며, 아이들은 제 부모가 혼을 내야 한다고 말했다.

  "기둥을 쳐야 보가 운다."란 말을 되새기며 혼자서 고개를 끄덕이며 피식 웃었다. 나는 '우리 속담은 모두가 은유구나, 저 언니들이 은유쟁이네.'라고 속말을 했다. 이렇게 나는 새해 첫 주 은유쟁이로 한 발 내디뎠다. 생활 속에서 은유 찾기가 가능한 일임을 알았다. 내일은 목욕탕 언니들 말속에 어떤 은유가 발견될지 벌써 궁금하다.

월별 성장 스토리 작성

2024년 1월

구분	한 달 동안 머문 질문/단어	긍정 주문
1주	알퍼 2급 2반 첫 시작 (기둥을 쳐야 보가 운다.)	나의 기둥은 알퍼가 보는 세상이다. 고로 알퍼를 쳐서 세상을 울릴 것이다.
2주	알퍼 2급 2반 둘째 주 (굴러온 돌이 박힌 돌 뺀다.)	
3주	유아 숲 지도자 과정 퍼실 (윗물이 맑아야 아랫물도 맑다.)	
4주	군산시 여성 기업인 협회 총회 및 신년회(백수가 과로사한다.)	

성장 스토리 표현하기
* 한 달 동안 집중한 생각과 행동은 무엇인지 표현하여 보세요.

    1월은 동분서주했다. 알퍼 양성 프로그램 진행을 위해 함양을 4회 다녀왔고 포항을 한 번 다녀왔다. 군산시 여성 기업인 협회 총회와 신년회가 있어 시간을 냈다. 이리 뛰고 저리 뛰면서 분주한 한 달을 보낸 것이다.
    이렇게 바빼 보내다 보니 일과 삶의 균형이 엉망이 되었다. 읽고 싶었던 책은 3분의 1만 읽었고, 매일 계획한 팔천 보 걷기는 반도 달성하지 못했다. 매일 은유 문장을 한 문장씩 써 보려고 했는데 10개도 못 썼다. 건강 보조식품을 사놓고 제대로 챙겨 먹지도 못했다. 잠자기 전 3가지 성찰하려고 했던 것 또한 물 건너갔다.
    정초부터 시간 관리를 실패했다. 실패한 원인을 돌아보니 바쁜 것도 바쁜 것이지만, 자투리 시간을 활용하지 못한 탓이 크다. 번개 모임도 하나의 원인이기도 하다. 체력도 예전 같지 않다. 자고 나면 풀려야 할 피로가 그대로 남아있다. 모두가 나이 탓이라고 치부하지만, 핑계일 뿐이다. 그래도 나이 탓이라고 합리화해 본다.
    2월에는 휴일이 많다. 휴일이 많다고 시간이 많은 것은 아니다. 2월은 신경을 써서 시간 관리를 잘해야겠고 체력도 잘 챙겨야겠다. 지금도 장거리 병문안 다녀왔다. 늦은 저녁이라서 많이 피곤하다. 소파에 털썩 주저앉았다. 좀 쉬었다가 일어나려고 했는데 월별 일지가 생각났다. 그래서 이렇게 월별 일지를 쓰고 있다.

성장 파트너들과
'성장 여정' 정리

✏️ '오십 대가 무슨 성장이냐고요?' 하지만 모든 생명체가 그렇듯, 성장이 멈추면 곧 정체가 시작되고, 정체는 죽음과도 다르지 않습니다. 그래서 오늘을 살아가는 오십 대 여성들은 여전히 '한 뼘 더 나은 나'가 되기 위해 성장을 멈추지 않습니다. 이 글은 오십 대 여성들이 사 년간 꾸준히 써 온 '성장 일지'와 그들이 느낀 변화를 중심으로 하고 있습니다. 그 '성장'이라는 단어가 낯설게 느껴지더라도, 이들의 이야기를 통해 진정한 성장은 나이와 관계없이 매일의 삶 속에서 계속되어야 한다는 메시지를 발견할 수 있을 것입니다.

성장 일지
쓰는 이유

✐ 애자일은 경제적인 풍요만큼이나 정신적·마음의 건강을 중요시한다. 그래서 자신을 계발하고 성찰하는 과정을 통해 삶의 질을 높이고자 성장 일지를 쓰기 시작했다. 봄날앤은 무엇보다 '기록하지 않으면 금세 잊히고 사라진다.'라는 점에 주목했다. 이미 '기록의 힘'을 믿고 있던 차에, 지인의 추천을 통해 본격적으로 시작했고, 함께하는 사람들의 선한 영향력에서 큰 자양분을 얻고 있다고 말한다. 곰곰이는 '성장'이라는 말이 처음엔 낯설었지만, 배울 점이 많은 친구가 적극적으로 권유해 주어 일지를 써 보게 되었다. 매주 빠지지 않고 글을 쓰면서 자신이 조금씩 변화하는 모습을 발견했고, 그 과정에서 즐거움을 찾게 되었다고 한다. 자운영은 업무에 치이지 않고 스스로를 돌보기 위해 성장 일지를 쓰게 되었다. 하루 한 줄 글쓰기로 시작했지만, 점차 그림

그리기와 주간·월간 글쓰기로 확장하면서 생각을 글로 풀어내는 능력이 크게 늘었다고 느낀다. 마지막으로 에바킴은 성장 일지를 쓰는 이유를 '살기 위해서'라고 극적으로 표현한다. 모든 생물은 자라지 않으면 죽게 마련이라 믿기에, 자기 일상과 생각을 질문하고 시각화하며 글로 옮기는 과정을 자기를 살리는 자양분으로 삼으며, 일지를 쓸 때 자신을 무대 위 주인공으로 여기면서 자유롭게 표현하는 즐거움도 함께 누리고 있다.

이렇게 다섯 사람은 각자 다른 계기와 동기로 시작했지만, 모두 삶을 더욱 풍요롭고 의미 있게 만들기 위해 성장 일지를 쓰고 있다는 공통점을 가진다.

성장 일지는
정신적 보약

✐ 애자일은 성장 일지를 '정신적인 보약'이라고 표현한다. 극심한 업무 스트레스를 해소할 수 있는 소통 창구이자 화풀이를 하는 장이 되기도 하고, 동시에 자신을 반성하며 가족의 소중함을 되새기는 공간이 된다는 것이다. 그는 이 과정에서 생각의 그릇을 키우고 가족에게 해야 할 일들을 구체화해 나간다. 봄날 앤은 '느린 시간 속에서 한 주 작성하다 보면 과거와 현재를 되돌아보며 미래를 계획할 수 있는 작은 개인 일지'라고 성장 일지를 설명한다. 바쁜 일상에서 잠시 벗어나 차분히 글을 쓰고 생각을 정리하는 일이, 곧 자신만의 속도와 방향을 찾는 과정이라고 본다. 곰곰이에게 성장 일지는 자신이 '좀 더 나은 내가 가고자 하는 곳으로 안내해 주는 교통수단'이다. 때로는 천천히 걷거나 기차를 타고 떠나는 여행처럼, 매일 조금씩 기록을 쌓아가는 과정

에서 자연스럽게 성장의 길로 나아간다는 뜻이다. 자운영은 '성장 일지는 잠시 멈춰서 나를 돌아보고, 던져진 질문에 답을 해 보는 시간'이라고 말한다. 질문에 스스로 답을 찾는 과정을 통해 성찰과 성장이 일어나므로, 그에게는 일종의 내면 대화이자 사고 훈련의 장이 된다. 마지막으로 에바킴은 '성장 일지는 에바킴이다.'라는 독특한 표현으로, 자기 삶 전체를 정리하는 장치로 여긴다. 사십 대를 시집 한 권으로 묶어 냈듯이, 성장 일지는 앞으로 다가올 오십 대와 육십 대의 기록을 정리하는 역할을 할 것이라는 믿음을 보여준다.

이렇게 다섯 사람 모두 성장 일지를 '스트레스 해소와 자기 성찰, 미래를 준비하는 마중물, 혹은 삶 자체를 한 권의 책처럼 엮어내는 과정'으로 정의하고 있다.

성장 일지 작성
원동력

✎ 애자일은 성장 일지를 사 년간 이어갈 수 있었던 비결로 여러 가지를 꼽는다. 먼저, "함께라서 가능했다."라고 말하면서, 한 뼘 성장 일지 밴드에서 다른 사람들의 기록을 보며 자극받고, 서로를 독려하고 응원해 주는 과정이 큰 힘이 되었다고 전한다. 또 '나와의 약속 이행'이라는 목표를 세워 최소 십 년은 해보겠다는 마음으로 꾸준히 도전 중이며, 부족한 표현력이나 미흡한 글쓰기도 성장 과정의 일부로 받아들이고 있다. 마지막으로 '즐거움'을 언급하며, 주제 선정이나 그림 그리기가 쉽지 않을 때도 있지만, 그 과정을 통해 자신의 잠재력을 표출하고 재미를 찾게 된다고 덧붙인다. 봄날앤은 '혼자서는 절대 해내지 못했을 것'이라고 솔직하게 고백한다. 오랜 시간 함께 끌어주고 격려해 준 지인들의 응원과 위로가 없었다면, 여기까지 오지 못했을 거라는 것이

다. 곰곰이는 특별한 일이 없는 한 집 근처 도서관에 들러 따뜻한 차 한 잔을 마시며 성장 일지를 쓴다. 조용히 혼자만의 시간을 갖는 일이 자신을 단단하게 만들어 준다는 느낌을 받는데, 다 못 쓰고 돌아올 때도 있지만, 작성이 끝났을 때의 뿌듯함이 꽤 커서 꾸준히 이어오고 있다고 전한다. 자운영은 사 년간 꾸준히 일지를 써 온 가장 큰 원동력으로 함께해 온 벗들의 존재를 꼽는다. 또 차곡차곡 쌓여가는 기록물들이 주는 성취감도 무시할 수 없다고 말한다. 그날그날 스쳐 지나갔을 일들을 이렇게 적어두다 보니 결국 자신의 인생 궤적이 조금씩 드러나게 되었다는 점이 흥미롭고 의미 있다는 것이다. 에바킴은 두 가지 원동력을 제시한다. 하나는 역시 '함께하는 동행자'의 존재다. 봐주는 사람이 전혀 없으면 지루해지거나 도중에 멈출 수 있는데, 성장 파트너들의 응원이 큰 도움이 된다고 말한다. 다른 하나는 일정한 규격의 '성장 일지 플래너'를 사용한다는 점이다. 이 플래너가 있으니 매번 일과 중 핵심 내용을 자연스럽게 기록할 수 있으며, 이렇게 쌓인 글이 나중에 책을 쓰는 데도 밑바탕이 되고 있다.

좋은 기억

✎ 애자일은 '그때그때의 감정과 생각을 기록해 둔 것' 자체가 좋은 기억으로 남는다고 말한다. 시간이 흐른 뒤 다시 그 시절의 성장 일지를 들춰볼 때, 당시 힘들었던 일과 애환이 고스란히 떠올라 어느새 하나의 추억으로 바뀌어 있다는 사실을 느낀다는 것이다. 봄날앤은 한 주를 마치면서 숙제하듯 성장 일지를 쓰는데, 막상 쓰기 전에는 불안감을 느끼지만 쓰고 나면 시원하다고 표현한다. 그 과정에서 개인적 생각을 정리하고, 감사함과 아쉬움을 함께 느끼면서 스스로를 토닥이는 시간이 된다고 말한다.

또한, 기록하면서 얻은 즐거움 역시 크게 작용한다. 곰곰이는 성장 일지를 작성하는 모습을 오랜만에 함께 보낸 동생에게 들켰는데, 그 동생이 "잘살아 보려고 이런 것도 쓰는구나!"라며 격려해 주었다고 회상한다. 가족이 긍정적인 반응을 보였다는 점이 그에게 큰 힘이 되었다. 자운영은 코칭과 강의를 할 때 사람들에게 동기부여가 필요해지는 순간을 자주 맞이하는데, 그럴 때 자신의 성장 일지 이야기를 생생하게 들려주면 훨씬 더 공감을 끌어낼 수 있다고 말한다. 책이나 강의에서 나온 내용이 아닌, 자신의 실제 경험담이 주는 힘을 실감하는 순간들이라는 것이다.

마지막으로 에바킴은 즐거운 기억으로 '독수리 오 자매'가 생겨나고 지역별 커뮤니티가 열리는 가능성을 언급한다. 일찍이 시작한 오 자매가 함께 모여 책 출간 계획도 세우고 지역 탐방도 하는 등, 다양한 활동을 이어간다는 점이 즐겁다고 말한다. 가족과 지인에게 성장 일지를 소개하고, 광주 지역의 안과 선생님들과 플래너 특강을 진행하며 흥미로운 관심을 받았을 때도 만족스럽고 기쁜 순간으로 꼽는다.

성장 일지 쓸 때
걸림돌

✎ 성장 일지를 끝까지 완주하는 일은 말처럼 쉽지 않다. 애자일은 '나의 부족함'을 그 이유로 꼽는다. 표현 능력이나 글쓰기를 어려워하고, 질문을 하는 것도 쉽지 않지만, 매년 새롭게 도전하며 표현·그리기·생각의 한계를 극복해 가는 과정을 즐기는 편이다. 반면 봄날앤은 개인적 나태함과 자신감 부족으로 인해 글감이 떠오르지 않을 때마다 기록을 미루는 일이 잦다고 고백한다. 곰곰이는 매일 같은 곳으로 출근하는 반복적 일상에서 건망증까지 겹쳐, 적어놓지 않으면 금세 잊어버린다는 점을 어려움으로 들었다. 그래서 간단한 기록이라도 매일 습관적으로 쓰는 일이 무엇보다 중요하다고 강조한다. 자운영 역시 '매일 꾸준히' 쓴다는 게 가장 큰 난관이라면서, 같은 시간과 장소에서 일지를 쓰는 습관을 들이고, 함께 쓰는 이들과 공유하는 방식을 해결책으

로 제안했다. 에바킴은 일반 플래너가 주는 부담을 줄이고자 주별 성장 일지를 만들었지만, 이를 작성하는 데 필요한 훈련 시간이 부족해 난관이 생긴다고 말한다. 그래서 주별로 '십오 분 성장 Go!' 같은 짧은 시간을 확보해 조금씩 작성 습관을 다지는 방식을 시도하고 있다. 결국, 다섯 사람 모두 표현 역량, 자기관리, 반복되는 일상 등 각기 다른 이유로 어려움을 겪지만, 그런데도 습관 형성과 지속적인 훈련을 통해 스스로의 장벽을 넘어서는 과정을 이어가고 있다.

성장 일지를
함께 쓰고 싶은 지인

✎ 애자일은 먼저 자기 동생과, 좋은 정보를 전해주는 다도 테라피 선생님에게 올해엔 성장 일지를 적극적으로 권해 볼 생각이다. 그는 특히 젊은 친구들에게 '좋은 습관'을 만들 기회로서 성장 일지를 소개하고 싶어 하지만, 정작 젊은 층은 아직 이러한 기록의 필요성을 크게 느끼지 못한다고 지적한다. 반면 중년 여성들 사이에서는 관심이 많지만, 막상 작성 자체를 어려워하는 경우가 많다고도 전한다. 봄날앤은 성인이 된 자녀에게 추천하고 싶어 한다. 자녀가 스스로의 성장을 위해 기록을 활용하면 좋겠다는 바람에서다. 곰곰이는 매주 일요일 저녁 식사 후, 남편이 먼저 성장 일지를 쓰라고 재촉해 줄 만큼 서로 관심이 많다고 이야기한다. 그래서 언젠가 남편에게도 본격적으로 권해 보고 싶다고 한다. 쓰는 과정의 괴로움뿐 아니라 다 쓴 뒤의 뿌듯함까지 함께

나눌 수 있다는 점을 강조한다. 주마다 올라오는 글들에 대한 따뜻한 격려는 늘 큰 힘이 되고, 다른 이들이 올리는 글을 읽으며 새로운 공부도 하게 된다고 덧붙인다. 자운영은 초등학생부터 노인까지, 어느 연령층이든 평생의 습관을 형성하고 싶은 사람이라면 누구에게나 성장 일지를 추천할 수 있다고 말한다. 습관 하나가 삶의 방향을 크게 바꿔 놓을 수 있음을 직접 체감했기 때문이다. 에바킴은 청소년과 성인 모두에게 필요하다고 본다. 청소년에게는 일지를 쓰는 자체가 생각 도구를 익히게 되므로 사고의 폭을 넓힐 기회가 되고, 사오십 대는 자기 성찰을 통해 삶의 질이 나아지는 경험을 할 수 있다고 믿는다. 이렇게 다섯 사람 모두가 나이나 환경에 구애받지 않고 '성장 일지를 통해 조금 더 나은 삶을 꿈꾸는 이들'에게 적극적으로 권하고 있다는 점이다.

이들의 이야기를 종합해 보면, 성장 일지는 단순한 기록 수단을 넘어 개인의 감정과 생각을 되새기고, 이를 바탕으로 스스로를 다독이며 삶을 풍성하게 만드는 매개체 역할을 하는 것이다. 가족이나 지인으로부터 긍정적인 지지를 얻기도 하고(곰곰이), 코칭이나 강의 현장에서 살아있는 경험담으로 큰 공감을 끌어내기도 하며(자운영), 나아가 책 출간이나 지역 커뮤니티 활동으로까지 확장되는(에바킴) 등의 다채로운 가능성을 보여준다. 결국, 시간의 흐름 속에서도 스스로의 변화와 성장을 확인할 수 있도록 돕고(애자일), 매주 일지를 쓰는 습관이 감사와 성찰의 기회를 제공한다는 점(봄날앤)이 공통된 결론으로 나타났다.

작은 습관의 위대한 힘

✎ '한 뼘 성장'이라는 표현은 사소하지만, 지속적인 성장으로 우리의 삶이 변화할 수 있음을 상징합니다. 거대한 성공도, 인생을 바꾸는 깨달음도 결코 하루아침에 찾아오지 않습니다. 그것은 매일의 작은 행동과 꾸준한 실천, 그리고 자신만의 기록에서 시작됩니다.

이 책은 오랜 시간 한 뼘 성장 플래너를 사용하며 삶의 변화를 경험한 '에바킴, 곰곰이, 애자일, 자운영, 봄날앤'이 각각의 삶에서 피워 낸 다채로운 꽃 이야기입니다. 그들의 글에는 성장의 과정에서 느꼈던 기쁨과 도전, 때로는 실패와 깨달음이 고스란히 담겨 있습니다. 각자의 시선으로 풀어낸 경험들은 우리 모두에게 공감과 영감을 줄 것입니다. 이들의 삶을 변화시키는 세 가지 열쇠는 '기록의 힘, 작은 행동의 누적, 공유와 연대'입니다. 글로 적어 보는 순간 우리의 생각은 명확해지고, 목표는 행동으로 이어집니다. 매일 꾸준히 실천하는 사소한 행동이 쌓여 우리의 미래를 바꿀 것입니다. 같은 길을 걷는 사람들과의 교류는 우리를 외롭지 않게 하고, 끝까지 나아가게 돕습니다.

다섯 명(에바킴, 곰곰이, 애자일, 자운영, 봄날앤)의 소리는 각자의 삶 이야기 입니다. 이들이 나눈 이야기는 우리가 모두 걸어가야 할 인생의 여정에서 길잡이가 되어줄 것입니다. 당신의 손에 들린 이 책은 단순한 이야기 모음집이 아닙니다. 매일 조금씩 더 나은 자신을 만들어 가는 길잡이이며, 삶의 변화를 이끄는 도구입니다. 페이지를 넘길 때마다 당신만의 이야기를 쓰고 싶은 열망이 일어났을 것입니다. 이제, 당신의 한 뼘 성장을 시작해 보세요. 작고 사소한 변화가 결국 삶을 바꾸는 깜짝 놀랄 일들로 열매 맺을 것입니다.

어쩌면 지금이 첫발을 내딛기에 가장 좋은 순간일지도 모릅니다. 재능이 아무리 뛰어나도, 그것을 깨우고 키우는 노력 없이 성공은 찾아오지 않습니다. 오늘, 한 뼘 성장 플래너를 펼쳐 당신만의 디테일과 세렌디피티를 경험해 보세요. 작은 행동들이 하나씩 쌓여 당신이 바라는 그 멋진 미래를 열어 줄 것입니다. 결심은 머릿속에서 끝나지 않습니다. 당신이 마주할 새로운 기회와 설렘, 그리고 성장은 이미 한 뼘 앞으로 다가와 있습니다. 첫 장을 채워 나가는 당신의 손끝에서, 새로운 이야기가 시작됩니다.

손끝에서 핀 이야기꽃

부록

1. 네 권의 한 뼘 성장 일지

한 뼘 성장 일지(2021~2024)

한 뼘 성장 일지(2025)

2. 주별 성장 일지 예시

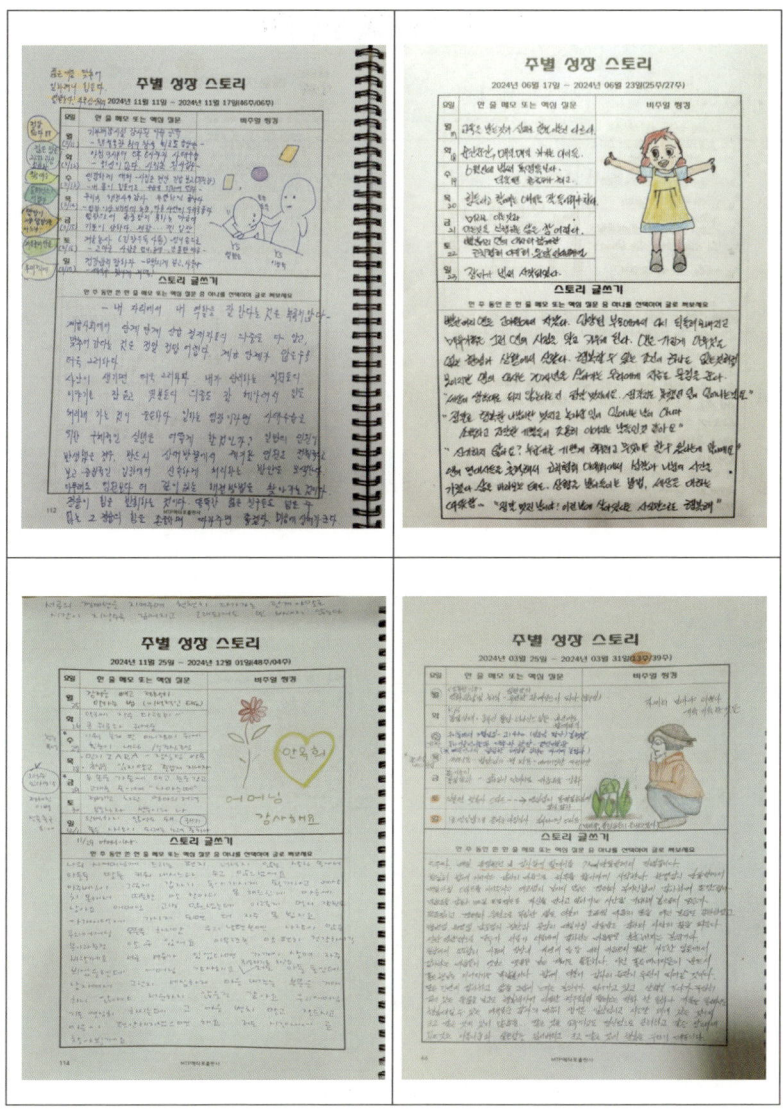

3. 기타 양식

한 해를 시작하면서

( )년

한 해를 대표할 단어 또는 질문	대표 비주얼 그리기
한 해 시작하는 다짐 글쓰기	

* 한 해를 시작하면서 정리하여 보세요.

분기별 성찰

( )년 월 ~ ( )년 월

가장 잘한 일	가장 미흡한 일

( )분기 성찰 글쓰기

* 분기별 성장 스토리는 무엇인지 표현하여 보세요.

상·하반기 성찰

(　　　)년 상반기

가장 기억하고 싶은 일	가장 힘들었던 일
6개월 종합 성찰 글쓰기	

* 상·하반기를 돌아보며 정리하여 보세요.

한 해를 마무리하면서

(　　　　)년

대표 핵심 단어	대표 비주얼 그리기

한 해 마무리 종합 성찰 글쓰기

* 한 해를 돌아보며 정리하여 보세요.

손끝에서 핀 이야기꽃

펴 낸 날   2025년 4월 10일

지 은 이   김미옥, 김선이, 박잔디, 이유경, 현순복
펴 낸 곳   메타포출판사
출판등록   2023-000001호
주   소   전북특별자치도 군산시 신평안길 16-2, 3층
전   화   (063) 467-7748
홈페이지   http://metaphorkim.modoo.at
이 메 일   sllowmate@naver.com

- 책값은 표지 뒷면에 표기되어 있습니다.
  ISBN   979-11-983512-3-4(03370)

Copyright ⓒ 2025 by 김미옥, 김선이, 박잔디, 이유경, 현순복 All rights reserved.
- 본 책의 저작권은 저자와 메타포출판사에 있습니다.
  이 책의 내용을 전부 또는 일부를 이용하려면 반드시 저작권자와 메타포출판사의 서면 동의를 받아야 합니다.
- 잘못된 책은 구입하신 곳에서 바꾸어 드립니다.